Hardt: Wir lernen Buchführung

Dr. Reinhold Hardt

# Wir lernen Buchführung

Ein Lehr- und Übungsbuch
für den Schul-, Kurs- und Selbstunterricht

**Siebente, durchgesehene Auflage**

Betriebswirtschaftlicher Verlag Dr. Th. Gabler · Wiesbaden

ISBN 3 409 10307 4

Copyright by Betriebswirtschaftlicher Verlag Dr. Th. Gabler KG · Wiesbaden 1974

# Vorwort

Das Wagnis, ein weiteres Buchführungslehrbuch den bereits vorhandenen an die Seite zu stellen, ist nur gerechtfertigt, wenn es methodisch Neues und Fortschrittliches bietet, wenn es einen Weg zeigt, noch schneller und leichter zum Ziel zu kommen. Wie bei der Vermittlung in anderen Wissensgebieten, so kommt es auch bei der Buchführung nicht nur darauf an, daß der L e h r e n d e selbst den gesamten Stoff beherrscht, sondern vor allem darauf, daß er es versteht, die L e r n e n d e n damit vertraut zu machen. Auf die pädagogische Zweckmäßigkeit der Methode, auf die Anschaulichkeit der Darstellung, auf das Wecken von Interesse und Freude an der buchhalterischen Arbeit kommt es an. Eine gute Lehrweise zwingt unmerklich auch diejenigen unter den Schülern in ihren Bann, die für Buchführung zunächst unbegabt erscheinen oder, mißtrauisch, einen sehr trockenen Stoff erwarten.

Unser Lehr- und Übungsbuch gibt langjährige Erfahrungen wieder und berücksichtigt die Lehrpläne an Berufs- und Handelsschulen ebenso wie die Anforderungen bei den Kaufmannsgehilfenprüfungen der Industrie- und Handelskammern, die Unterrichtsweisen in mündlichen und schriftlichen Buchführungskursen ebenso wie die Praxis der buchhalterischen Tätigkeit. Für das Selbststudium ist es besonders geeignet.

Im ersten Teil lernen wir die Grundbegriffe der Buchführung und den Kontenzusammenhang kennen. Wer buchhalterische Vorkenntnisse besitzt, kann unter Umständen sofort mit dem zweiten Teil beginnen. Am Schluß jedes neuen Unterrichtsstoffes finden sich nicht nur Übungsaufgaben, sondern es werden jeweils auch — mehr oder weniger ausführlich — die Resultate dazu angegeben, damit eine dauernde Selbstkontrolle möglich ist.

Wir wünschen nun allen unseren Buchhaltungsjüngern in der Schule, im Kursus und beim häuslichen Selbststudium einen recht guten und schnellen Erfolg.

*Reinhold Hardt*

# Inhaltsverzeichnis

Erster Teil

**Wir lernen die Grundbegriffe der Buchführung und den Kontenzusammenhang kennen**

Seite

Vorbemerkung . . . . . . . . . . . . . . . . . . . . . . . 13

1. Warum muß der Kaufmann Bücher führen? . . . . . . . . . . 17
   a) Allgemeine Gründe . . . . . . . . . . . . . . . . . . . 17
   b) Gesetzliche Vorschriften . . . . . . . . . . . . . . . . 17
2. Was versteht man unter „Inventur", „Inventar" und „Bilanz"? . . 18
   a) Inventur . . . . . . . . . . . . . . . . . . . . . . . 18
   b) Inventar oder Vermögensverzeichnis . . . . . . . . . . . 19
   c) Bilanz . . . . . . . . . . . . . . . . . . . . . . . . 19
3. Woher kommen die einzelnen Bilanzposten? . . . . . . . . . 21
4. Wie wird ein Kassenkonto geführt? . . . . . . . . . . . . . 22
5. Wie sind die Buchungen auf dem Bankkonto zu verstehen? . . . 24
6. Was bedeuten die Buchungen auf Lieferanten- und Kundenkonten? 25
   a) Das Lieferantenkonto . . . . . . . . . . . . . . . . . 25
   b) Das Kundenkonto . . . . . . . . . . . . . . . . . . . 27
7. Welche Buchungen werden auf den Warenkonten gemacht? . . . 28
   a) Das Warenkonto als gemischtes Konto . . . . . . . . . . 29
   b) Die Zerlegung des Warenkontos in Wareneinkaufs- und Warenverkaufskonto . . . . . . . . . . . . . . . . . . . . . 29
   c) Warenrücksendungen, Privatentnahmen von Waren, Warenbezugskosten . . . . . . . . . . . . . . . . . . . . . 31
8. Was wird auf Kapital- und Privatkonto gebucht? . . . . . . . 34
9. Was sind Bestandskonten, und wie werden sie abgeschlossen? . . 36
10. Was sind Erfolgskonten, und wie werden sie abgeschlossen? . . 39
    a) Die Buchung von Verlusten und Gewinnen . . . . . . . . 39
    b) Der Abschluß der Erfolgskonten . . . . . . . . . . . . 41
11. Welche Ausdrücke sind für die Soll- und Habenbuchungen üblich? 43
12. Wodurch unterscheiden sich Grund- und Hauptbuchung? . . . . 44

Seite

13. Wie wird der Buchungssatz gebildet? . . . . . . . . . . . . . . 45
14. Wie hängen die Konten der doppelten Buchführung zusammen? . . . 47
15. Welche Buchführungsformen gibt es? . . . . . . . . . . . . . . 51
    a) Allgemeines . . . . . . . . . . . . . . . . . . . . . . . . 51
    b) Formen der doppelten Buchführung . . . . . . . . . . . . 51
        1. Italienische Buchführung . . . . . . . . . . . . . . . 51
        2. Deutsche Buchführung . . . . . . . . . . . . . . . . . 52
        3. Französische Buchführung . . . . . . . . . . . . . . . 53
        4. Amerikanische Buchführung . . . . . . . . . . . . . . 53
        5. Durchschreibebuchführung . . . . . . . . . . . . . . . 56

Zweiter Teil

**Wir üben an kurzen Geschäftsgängen und lernen immer mehr dazu**

Vorbemerkung . . . . . . . . . . . . . . . . . . . . . . . . . . . 61

1. Geschäftsgang Nr. 1 . . . . . . . . . . . . . . . . . . . . . . 62
   Geschäftseröffnung mit Bareinlage, Kauf von Einrichtungsgegenständen, Einkauf und Verkauf von Waren bar und auf Ziel, Geschäftskosten und Privatentnahme bar

2. Geschäftsgang Nr. 2 . . . . . . . . . . . . . . . . . . . . . . 66
   Neu: Bankkonto, Überweisung an Lieferant und von Kunde, Lohn- und Gehaltszahlung, Privatentnahme in Waren

3. Abschreibungen . . . . . . . . . . . . . . . . . . . . . . . . 69
   a) Abschreibungsmethoden . . . . . . . . . . . . . . . . . . 69
   b) Buchungsmethoden . . . . . . . . . . . . . . . . . . . . 71

4. Geschäftsgang Nr. 3 . . . . . . . . . . . . . . . . . . . . . . 72
   Neu: Postscheckkonto, Abschreibungen

5. Skonti- und Bankzinsenbuchungen . . . . . . . . . . . . . . 75
   a) Skontibuchungen . . . . . . . . . . . . . . . . . . . . . 75
   b) Buchung von Bankzinsen . . . . . . . . . . . . . . . . . 76

6. Geschäftsgang Nr. 4 . . . . . . . . . . . . . . . . . . . . . . 77
   Neu: Lieferanten- und Kundenskonti, Bankzinsen, verschiedene Erfolgskonten

7. Wechselbuchungen . . . . . . . . . . . . . . . . . . . . . . 79
   a) Besitzwechsel . . . . . . . . . . . . . . . . . . . . . . . 79
   b) Schuldwechsel . . . . . . . . . . . . . . . . . . . . . . 80

Seite

8. Geschäftsgang Nr. 5 . . . . . . . . . . . . . . . . 81
   Neu: Wechselbuchungen

9. Geschäftsgang Nr. 6 . . . . . . . . . . . . . . . . 84
   Zusammenfassende Wiederholung

10. Kassendifferenzen, Portokasse, Stornobuchungen . . . . . . . . 87
    a) Kassendifferenzen . . . . . . . . . . . . . . . . 87
    b) Portokasse . . . . . . . . . . . . . . . . . . 88
    c) Stornobuchungen . . . . . . . . . . . . . . . . 89

11. Geschäftsgang Nr. 7 . . . . . . . . . . . . . . . . 90
    Neu: Portokasse, Stornobuchung, Kassenfehlbetrag

12. Darlehen und Hypothek . . . . . . . . . . . . . . . 92
    a) Darlehen und Darlehenszinsen . . . . . . . . . . . . 92
    b) Hypothek, Hypothekenzinsen, Hypothekentilgung . . . . . . 93

13. Geschäftsgang Nr. 8 . . . . . . . . . . . . . . . . 94
    Neu: Darlehen und Hypothek

14. Die Buchung zweifelhafter und uneinbringlicher Forderungen . . 96
    a) Zweifelhafte Forderungen . . . . . . . . . . . . . 97
    b) Uneinbringliche Forderungen . . . . . . . . . . . . 97
    c) Wertberichtigung auf Forderungen . . . . . . . . . . . 98

15. Geschäftsgang Nr. 9 . . . . . . . . . . . . . . . . 100
    Neu: Zweifelhafte und uneinbringliche Forderungen

16. Jahresabgrenzung . . . . . . . . . . . . . . . . . 103
    a) Transitorische Posten . . . . . . . . . . . . . . 103
    b) Antizipative Posten . . . . . . . . . . . . . . . 104
    c) Zusammenfassende Übung . . . . . . . . . . . . . 105

17. Geschäftsgang Nr. 10 . . . . . . . . . . . . . . . . 106
    Neu: Jahresabgrenzung

18. Lohnbuchführung . . . . . . . . . . . . . . . . . 110

19. Geschäftsgang Nr. 11 . . . . . . . . . . . . . . . . 112
    Neu: Lohnbuchführung

20. Kontenrahmen und Kontenpläne . . . . . . . . . . . . 115
    a) Bedeutung in der Praxis . . . . . . . . . . . . . 115
    b) Wesen, Aufbau, Hauptmerkmale . . . . . . . . . . . 115
    c) Kontenrahmen und Kontenpläne . . . . . . . . . . . 116

21. Der Kontenrahmen für den Einzelhandel . . . . . . . . . 116

|     |     | Seite |
| --- | --- | --- |
| 22. | Geschäftsgang Nr. 12 nach dem Kontenrahmen für den Einzelhandel<br>Neu: Abgrenzungskonten Klasse 2 | 117 |
| 23. | Der Kontenrahmen für den Großhandel | 122 |
| 24. | Geschäftsgang Nr. 13 nach dem Kontenrahmen für den Großhandel | 123 |
| 25. | Der Kontenrahmen für den Fertigungsbetrieb | 128 |
|     | a) Überblick | 128 |
|     | b) Kontenzusammenhang | 128 |
| 26. | Geschäftsgang Nr. 14 nach dem Kontenrahmen für den Fertigungsbetrieb | 131 |
| 27. | Der Gemeinschaftskontenrahmen der Industrie (GKR) | 139 |
| 28. | Geschäftsgang Nr. 15 nach dem GKR der Industrie | 139 |
| 29. | Die Abschlußübersicht | 147 |
|     | a) Wesen | 147 |
|     | b) Gliederung | 147 |
|     | c) Beispiele | 148 |
| 30. | Die Gewinnverteilung bei Handelsgesellschaften | 153 |
|     | a) Stille Gesellschaft | 153 |
|     | b) Offene Handelsgesellschaft | 156 |
|     | c) Kommanditgesellschaft | 156 |
|     | d) Gesellschaft mit beschränkter Haftung | 157 |
|     | e) Aktiengesellschaft | 158 |
|     | f) Kommanditgesellschaft auf Aktien | 161 |

**Anhang**

| | |
| --- | --- |
| Kontenrahmen des Einzelhandels | 164 |
| Kontenrahmen des Großhandels | 166 |
| Kontenrahmen für den Fertigungsbetrieb | 168 |
| Gemeinschaftskontenrahmen der Industrie (GKR) | 170 |
| Industrie-Kontenrahmen (IKR) | 173 |
| Aktienrechtliches Bilanzschema | 176 |
| Aktienrechtliches Schema der Gewinn- und Verlustrechnung | 178 |

Erster Teil

## Wir lernen die Grundbegriffe der Buchführung und den Kontenzusammenhang kennen

## Vorbemerkung

Da wir die Buchungen zur Umsatzsteuer (Mehrwertsteuer) soweit wie möglich schon im ersten Teil berücksichtigen wollen, ist es notwendig, gleich zu Beginn einige allgemeine Erläuterungen zu geben.

Es gibt drei steuerbare Umsätze:
1. die Lieferungen und sonstigen Leistungen im Inland,
2. den Eigenverbrauch,
3. die Einfuhr von Gegenständen.

Der Steuersatz war vom 1. 1. 1968 bis 30. 6. 1968 grundsätzlich 10 %, seit 1. 7. 1968 beträgt er 11 %. Für viele Lebensmittel, für Bücher, Zeitungen und Zeitschriften sowie für die Leistungen der freien Berufe (z. B. Rechtsanwälte, Architekten, Steuerberater) u. a. ermäßigt er sich auf die Hälfte.

**Zur Vereinfachung der Rechenarbeit und weil die Steuersätze sich noch weiter ändern können (Anpassung innerhalb der EWG), rechnen wir bei allen unseren Aufgaben stets mit 10 %; dabei vermeiden wir ggf. auch kleine Pfennigbeträge.**

Die Steuer wird vom *vereinbarten* Entgelt berechnet, und zwar *ausschließlich Umsatzsteuer*. Maßgebend ist also der *Nettopreis, der in Rechnung gestellt wird* (wichtig bei nachträglichen Änderungen dieses Preises, z. B. durch Rabatte).

Wenn man aus dem Bruttopreis (einschließlich Umsatzsteuer) die Steuer errechnen will, muß man die Prozentrechnung *auf Hundert* anwenden: Bruttopreis = Nettopreis (100 %) + Steuer (10 %) = 110 %.

$$\text{Steuer} = \frac{\text{Bruttopreis} \cdot 10}{110} = 1/11 \text{ (Divisor} = 11) \text{ des Bruttopreises oder}$$

9,09 % des Bruttopreises, bei einem Steuersatz von 5 % $\frac{\text{Bruttopreis} \cdot 5}{105}$
= 1/21 (Divisor = 21) oder 4,76 % des Bruttopreises. Der Bruttopreis ist also immer gleich 100 % + Steuersatz. Weitere Beispiele:

$$\text{Steuersatz} = 11 \%; \text{Steuer} = \frac{\text{Bruttopreis} \cdot 11}{111}; \text{Divisor} = 10{,}0909$$
$$= 9{,}91 \% \text{ des Bruttopreises}$$

$$\text{Steuersatz} = 5{,}5 \%; \text{Steuer} = \frac{\text{Bruttopreis} \cdot 5{,}5}{105{,}5}; \text{Divisor} = 19{,}1818$$
$$= 5{,}21 \% \text{ des Bruttopreises}$$

In den meisten Übungsaufgaben und Geschäftsgängen unseres Buches ist bei Ein- und Verkäufen angegeben: einschließlich 10 % USt. Sie müssen also, um zum Steuerbetrag zu kommen, die angegebenen Bruttobeträge durch 11 teilen. Z. B.: Barverkauf einschließlich 10 % USt = 1100,— DM. Steuer = $^1/_{11}$ von 1100,— DM = 100 DM. Reiner Warenpreis = 1000,— DM.

In jeder Wirtschaftsstufe wird jedoch nur der Mehrwert (= Nettoumsatz) versteuert. Das wird dadurch erreicht, daß von der Umsatzsteuer auf den Verkauf die beim Einkauf zu zahlende Umsatzsteuer (= Vorsteuer) abgezogen wird.

|  | Einkauf |  | Verkauf |
|---|---|---|---|
| netto | 100,— DM | netto | 150,— DM |
| + 10 % USt | 10,— DM | + 10 % USt | 15,— DM |
| brutto | 110,— DM | brutto | 165,— DM |

Der Wiederverkäufer der gleichen Ware hat also nicht 15,— DM Umsatzsteuer an das Finanzamt abzuführen, sondern nur 5,— DM, da er die ihm beim Einkauf berechneten 10,— DM (= Vorsteuer) in Abzug bringen kann; er zahlt also nur die Steuer für den Mehrwert von 50,— DM. Nur der letzte (private) Verbraucher trägt die Umsatzsteuer in voller Höhe.

Die folgende Darstellung veranschaulicht, wie sich die Steuer beim Durchlauf einer Ware durch die verschiedenen Stufen ergibt.

|  |  | Nettopreis | Vorsteuer | Umsatzsteuer | Zahllast | Bruttopreis |
|---|---|---|---|---|---|---|
| Rohstoff | Verkauf | 100 |  | 10 | 10 | 110 |
| Herstellung | Einkauf Lohnveredelung¹) | 100 40 | 10 |  |  | 110 |
|  | Verkauf | 140 |  | 14 | 4 | 154 |
| Großhandel | Einkauf Lohnveredelung | 140 70 | 14 |  |  | 154 |
|  | Verkauf | 210 |  | 21 | 7 | 231 |
| Einzelhandel | Einkauf Lohnveredelung | 210 80 | 21 |  |  | 231 |
|  | Verkauf | 290 |  | 29 | 8 | 319 |
|  |  |  |  | Summe = | 29 |  |

---

¹) = Löhne, Gewinn usw.

Die Summe der insgesamt (in allen Stufen) an das Finanzamt abzuführenden Steuern (= Summe der Spalte „Zahllast") beträgt 10 % des Nettoverkaufspreises auf der letzten Stufe.

Aus der Darstellung geht hervor, daß die Umsatzsteuer ein durchlaufender Posten ist. Sie berührt daher auch nicht das Warenkonto. Auf diesem werden nur Nettopreise gebucht. Für die Buchung der Steuern sind zwei Konten einzurichten: „Vorsteuer" und „Umsatzsteuer". Die Vorsteuer ist eine Forderung an das Finanzamt, da sie ja von der Umsatzsteuer abgezogen werden darf, das Konto gehört also zu den „Sonstigen Forderungen", die Umsatzsteuer ist eine Verbindlichkeit gegenüber dem Finanzamt, das Konto gehört zu den „Sonstigen Verbindlichkeiten".

Da die Umsatzsteuer zunächst nach dem *vereinbarten* Entgelt berechnet wird, letzten Endes jedoch das versteuert werden soll, was tatsächlich umgesetzt wird, müssen bei allen nachträglichen Änderungen des vereinbarten Entgelts auch die *Umsatzsteuer* beim *Verkäufer* und entsprechend die *Vorsteuer* beim *Käufer* berichtigt werden.

**Beispiele**

1. Skonto

Wenn ein Kunde bei einer Rechnung über 1100 DM (1000 DM + 10 % USt) 2 % Skonto abzieht, so mindert sich der Nettowarenpreis um 2 % von 1000 DM = 20 DM und die Umsatzsteuer beim Verkäufer um 2 % von 100 DM = 2 DM. Von dem Gesamtskonto entfällt also $^1/_{11}$ auf Umsatzsteuer. Ist der Kunde ein Unternehmer, so mindert sich bei ihm auch die Vorsteuer entsprechend (Umsatzsteuer beim Verkäufer und Vorsteuer beim Käufer müssen ja immer einander entsprechen).

|  | brutto | = | netto | + | USt |
|---|---|---|---|---|---|
|  | 1 100 |  | 1 000 |  | 100 |
| ./. 2 % | 22 |  | 20 |  | 2 |
|  | 1 078 |  | 980 |  | 98 |

Wie Skonti werden auch Rabatte und Boni behandelt.

2. Forderungsausfall

Beim Konkurs eines Kunden verlieren wir 330 DM. Diese Forderung, die aus einem Warenverkauf stammt, enthält 300 DM (Netto-)Entgelt und 30 DM Umsatzsteuer (= $^1/_{11}$). Da das Entgelt sich um 300 DM mindert, muß sich auch die ursprüngliche Umsatzsteuer um 10 % von 300 DM = 30 DM mindern. Genau wie bei Skonto ist also auch hier der Gesamtbetrag aufzuteilen in Entgeltanteil und Umsatzsteueranteil.

3. Rücksendungen

Wenn wir an unseren Lieferanten Waren zum Einkaufspreis von netto 200 DM zurücksenden, so mindert sich unsere Vorsteuer um 10 % von

200 DM = 20 DM, wir erhalten also eine Gutschrift über insgesamt 220 DM. Entsprechend mindert sich bei unserem Lieferanten die Umsatzsteuer um 20 DM, denn sein Umsatz hat sich ja um 200 DM vermindert.

4. Verzugszinsen

Wir berechnen einem säumigen Kunden Zinsen in Höhe von 50 DM. Diese stellen eine nachträgliche Erhöhung des Entgelts (des Umsatzes) dar, die der Umsatzsteuer unterliegt. Wir müssen dem Kunden also 50 DM + 10 % USt = 55 DM berechnen.

Wie Verzugszinsen werden alle anderen nachträglichen Zuschläge behandelt: an Kunden weiterberechneter Wechseldiskont, berechnete Versandkosten, Verpackungskosten und sonstige Auslagen, die der Kunde ersetzen muß.

---

Die Investitionsteuer (Steuer auf den Selbstverbrauch, § 30 UStG) wird in diesem Buch nicht berücksichtigt, da es sich nur um eine vorübergehende Konjunkturmaßnahme handelt (nur für Investitionen, die in der Zeit vom 9. 5. 1973 bis 30. 4. 1975 vorgenommen werden).

# 1. Warum muß der Kaufmann Bücher führen?

### a) Allgemeine Gründe

Daß der Kaufmann alle Geschäftsvorfälle, die sich in Zahlen ausdrücken lassen und die das Kapital seines Betriebes dauernd verändern, übersichtlich und geordnet niederschreiben muß — und das nennt man ja „Buchführung" —, hat viele Ursachen. Eine ordnungsmäßige Buchführung hat nämlich große Vorteile sowohl *für die Unternehmung selbst* als auch *für ihre Beziehungen zur Außenwelt:*

1. Der Kaufmann hat dadurch stets einen guten Überblick über den Stand und Wert seines Geschäfts, über sein Vermögen, seine Schulden und seinen Erfolg.

   Er kann jederzeit genau nachprüfen, ob und inwieweit sich die in seinem Betrieb arbeitenden einzelnen Vermögensgegenstände und die aufgewandten Kosten lohnen.

   Die Buchführung liefert ihm auch die Unterlagen für seine Kalkulationen und statistischen Aufstellungen.

2. Da in den Büchern alle wichtigen Fälligkeitstermine für Forderungen an Kunden und Schulden an Lieferanten u. a. festgehalten werden, gerät so leicht nichts in Vergessenheit.

   Gegenüber den Steuerbehörden und den Gerichten ist eine einwandfreie Buchführung beweiskräftig; sie ist also die Grundlage für eine gerechte Behandlung bei der Steuerberechnung oder bei Prozessen mit Kunden oder Lieferanten.

   Schließlich erhält ein Kaufmann bei seiner Bank viel leichter einmal einen größeren Kredit oder ein Darlehen, wenn er seine Kreditwürdigkeit durch eine tadellose Buchführung nachweisen kann.

### b) Gesetzliche Vorschriften

Das alles sind eigentlich schon gute, stichhaltige Gründe, die jeden Kaufmann von sich aus veranlassen müßten, Bücher zu führen. Darüber hinaus hat man jedoch die Buchführung zu einer gesetzlichen Pflicht gemacht, der sich niemand entziehen kann, wenn er sich nicht strafbar machen will.

1. Buchführungsvorschriften nicht nur für Kaufleute, sondern für alle Gewerbetreibenden, für Handwerker, Landwirte usw. finden sich in vielen Steuergesetzen, so vor allem in der Reichsabgabenordnung (AO), dem wichtigsten, grundlegenden Steuergesetz (vgl. §§ 160 bis 162).

2. Die besonderen Bestimmungen für K a u f l e u t e aber stehen in den §§ 38—47 a des Handelsgesetzbuches (HGB). Es heißt dort u. a.: „Jeder Kaufmann ist verpflichtet, Bücher zu führen und in diesen seine

Handelsgeschäfte und die Lage seines Vermögens nach den Grundsätzen ordnungsmäßiger Buchführung ersichtlich zu machen." Er hat „bei dem Beginne seines Handelsgewerbes seine Grundstücke, seine Forderungen und Schulden, den Betrag seines baren Geldes und seine sonstigen Vermögensgegenstände genau zu verzeichnen, dabei den Wert der einzelnen Vermögensgegenstände anzugeben und einen das Verhältnis des Vermögens und der Schulden darstellenden Abschluß zu machen". Die jährliche Aufstellung eines Inventars und einer Bilanz wird ihm zur Pflicht gemacht. Es ist ihm verboten, in den Büchern zu radieren, durch Durchstreichen unleserlich zu machen und leere Zwischenräume zu lassen. Die gesamte Buchführung muß 10 Jahre lang aufbewahrt werden. Besondere Buchführungs- und Abschlußvorschriften für AG und GmbH stehen in den §§ 148 ff. AktG sowie im § 42 GmbH-Ges.

Über die Art der Buchführung im einzelnen, über die anzuwendenden Methoden — ob z. B. einfache oder doppelte Buchführung, ob italienische, deutsche, französische oder amerikanische Form, ob handschriftliches oder maschinelles bzw. Durchschreibe-Verfahren — gibt es jedoch keine gesetzlichen Bestimmungen. Das bleibt den jeweiligen Bedürfnissen der Praxis überlassen.

3. Für den Handel besteht die Pflicht zur Führung eines **Wareneingangsbuches**; Großhändler müssen außerdem ein **Warenausgangsbuch** führen.

4. 1937 wurden einheitliche Richtlinien zur Buchführung erlassen mit **Kontenrahmen** und **Kontenplänen** für die einzelnen Wirtschaftsgruppen. Vom Bundesverband der Deutschen Industrie (BDI) wurden 1952 „Grundsätze für das Rechnungswesen" herausgegeben. Darauf baut der „Gemeinschafts-Kontenrahmen der Industrie" (GKR) auf, den viele Betriebe ihrer Buchführung zugrunde legen. 1971 schließlich folgte der ebenfalls vom BDI entwickelte „Industrie-Kontenrahmen" (IKR). Eine Vereinheitlichung — alle genannten Kontenrahmen sind nebeneinander gültig — wird im Rahmen der EWG erwartet.

5. Von der Wirtschaftsgruppe „Einzelhandel" wird auch für die kleineren Unternehmungen, für die sogenannten Minderkaufleute, eine „Mindestbuchführung" zur Pflicht gemacht.

6. Das Umsatzsteuergesetz (Mehrwertsteuer) betont in § 22 die „Aufzeichnungspflicht" aller Unternehmer.

## 2. Was versteht man unter „Inventur", „Inventar" und „Bilanz"?

### a) Inventur

Einmal jährlich, gegen Ende des Geschäftsjahres — etwa „zwischen den Jahren" — „macht" der Kaufmann „Inventur", d. h., er geht an die Bestandsaufnahme aller seiner Vermögenswerte und Schulden. Diese Bestandsaufnahme stellt gewissermaßen die erste Stufe der buchhalterischen Abschlußarbeiten dar. Die Inventur der **Waren**bestände beansprucht gewöhnlich am meisten Zeit und Mühe, müssen doch alle einzelnen vorhandenen Vorräte gezählt bzw. gemessen oder gewogen werden.

### b) Inventar oder Vermögensverzeichnis

Faßt man jetzt alle Ergebnisse dieser Inventur in einem eigens dafür bestimmten Buch übersichtlich geordnet zusammen, so spricht man von der Aufstellung eines Inventars oder eines Vermögensverzeichnisses. Es gliedert sich in 3 Teile: Durch Abziehen der Summe aller S c h u l d e n von der Summe aller B e s i t z t e i l e erhält man das R e i n v e r m ö g e n oder eigene Kapital der Unternehmung. Das Inventar ist nach § 41 HGB (ebenso wie die Bilanz) vom Geschäftsinhaber persönlich zu unterzeichnen.

Hier ein Beispiel:

| | **Vermögensverzeichnis vom 31. 12. 19 . .** | | | | | | |
|---|---|---|---|---|---|---|---|
| | **I. Besitzteile** | DM | DM | | **II. Schulden** | DM | DM |
| 1. | Kassenbestand | | 500,— | 1. | Verbindlichkeiten (an Lieferanten) | | |
| 2. | Guthaben bei der Nass. Spark. | | 1 200,— | | a) S. Groß GmbH, Hamburg | 410,— | |
| 3. | Forderungen (an Kunden) | | | | b) F. Stein & Co., Bremen | 120,— | 530,— |
| | a) R. Klein, Wiesbaden | 24,— | | 2. | Umsatzsteuer (Vbdl. an Finanzamt) | | 180,— |
| | b) K. Roth, Biebrich | 56,— | 80,— | 3. | Schuldwechsel fällig 10. 1. 19 . . auf Bremen | | 150,— |
| 4. | Vorsteuer (Fdg. an Finanzamt) | | 120,— | | Summe der Schulden | | 860,— |
| 5. | Warenbestände lt. bes. Verzeichn. | | | | **III. Vermögensermittlung** | | |
| | a) Tabakwaren | 140,— | | | Summe der Besitzteile | | 4 100,— |
| | b) Wein | 390,— | | ./. | Summe der Schulden | | 860,— |
| | c) Kaffee | 520,— | | | Reinvermögen | | 3 240,— |
| | d) Sonst. Lebensmittel | 950,— | 2 000,— | | | | |
| 6. | Einrichtungsgegenstände | | 200,— | | Wiesbaden, am 31. Dezember 19 . . | | |
| | Summe der Besitzteile | | 4 100,— | | Ernst Kaufmann | | |

### c) Bilanz

Wenn wir dieses Beispiel eines Vermögensverzeichnisses

a) in die Form einer Gegenüberstellung von Besitzteilen und Schulden bringen

b) und dabei nur die großen, zusammenfassenden Summen der Hauptspalte eintragen,

so erhalten wir das folgende Bild einer Bilanz:

| Aktiva (Soll) | Schlußbilanz vom 31. 12. 19 . . | (Haben) Passiva | |
|---|---|---|---|
| Kassenbestand | 500,— | Verbindlichkeiten | 530,— |
| Bankguthaben | 1 200,— | Umsatzsteuer | 180,— |
| Forderungen | 80,— | Schuldwechsel | 150,— |
| Vorsteuer | 120,— | Kapital | 3 240,— |
| Warenbestände | 2 000,— | | |
| Einrichtungsgegenstände | 200,— | | |
| | 4 100,— | | 4 100,— |

Die Posten der linken (Soll-)Seite, d. s. alle Besitzteile, über die wir verfügen (4100,— DM), nennt man auch A k t i v a. Ihnen stehen auf der rechten (Haben-)Seite gegenüber:

1. die Schulden oder P a s s i v a (insgesamt 860,—),

2. das (eigene) Kapital (3240,—).

Das K a p i t a l steht also als Ausgleichsposten (Saldo), als Überschuß der Besitzteile über die Schulden, auf der sonst zahlenmäßig schwächeren Seite.

Da eigentlich keine Zeilen leer und unbeschrieben gelassen werden sollen, wird der freie Raum auf der rechten Seite der Bilanz durch einen Saldostrich, die sogenannte „Buchhalternase", ausgefüllt.

Schematisch ergibt sich folgendes Normalbild der Bilanz:

| Soll | | Haben |
|---|---|---|
| Aktiva | Passiva | |
| | Kapital | |

also: AKTIVA = PASSIVA + KAPITAL

oder: Vermögen = Schulden + Kapital

oder: Gesamtvermögen = Fremdkapital + Eigenkapital

Unter „Bilanz" (italienisch bilancia = Waage, Gleichgewicht) versteht man demnach die Gegenüberstellung der einzelnen Besitzteile (Aktiva) einerseits, der Schulden (Passiva) und des Eigenkapitals andererseits, und zwar in der Form einer zweiseitigen Aufstellung, d. h. eines K o n t o s. Soll- und Haben-Seite ergeben dieselbe Summe, gleichen sich aus.

Während die S o l l seite angibt, in welchen F o r m e n das Gesamtkapital (4100,—) vorhanden ist, sagt uns die H a b e n seite, aus welchen Q u e l l e n es stammt, wieviel davon dem Unternehmer selbst gehört (3240,—) und wieviel seinen Gläubigern (860,—).

Eine solche Bilanz wird in der Regel einmal jährlich, am Schluß eines Geschäftsjahres, aufgestellt und bildet als letztes Abschlußkonto die Krönung aller buchhalterischen Arbeiten. Wehe, wenn sie nicht stimmt! Dann braucht man manchmal viel Zeit, um die Fehler herauszufinden.

### Übungsaufgabe

Aus den folgenden Inventurbeständen der Firma Karl Betz, Frankfurt a. M., sind Vermögensverzeichnis und Bilanz anzufertigen:

Kassenbestand 168,35 DM. Bankguthaben 1915,— DM. Forderungen: an W. Bender, Ffm., 463,20 DM, an Gebr. Müller, Ffm., 216,25 DM, an Finanzamt (Vorsteuer) 190,— DM. Warenbestände laut besonderem Verzeichnis: Schreibwaren 1270,— DM, Bücher 3040,— DM. Geschäftseinrichtung 820,— DM. Verbindlichkeiten an Lieferant G. Bach, Kassel, 1628,05 DM, an Finanzamt (Umsatzsteuer) 290,— DM. Schuldwechsel 330,— DM.

( L ö s u n g : Gesamtvermögen 8082,80 DM, Schulden 2248,05 DM.
  Eigenkapital 5834,75 DM.)

## 3. Woher kommen die einzelnen Bilanzposten?

Unser Bilanzbeispiel wies auf der Sollseite 6, auf der Habenseite 4 Eintragungen auf. Woher stammen diese einzelnen Posten? Aus dem vorangegangenen Vermögensverzeichnis (Inventar), wird der Buchhaltungsjünger sagen. Und er hat damit ja nicht ganz unrecht. Aber: eine nur aus Inventar und Bilanz bestehende (Abschluß-)Buchführung genügt nicht einmal bei einfachsten Betriebsverhältnissen in einer kleinen Unternehmung. Es muß vielmehr immer auch im Laufe des Geschäftsjahres über alle Vorfälle Buch geführt werden. Diese Buchungen geschehen auf den einzelnen Konten, deren Überschriften andeuten, worum es sich handelt. Auch auf unseren 10 Konten waren im Laufe des vergangenen Jahres mancherlei Buchungen gemacht worden, im Soll und im Haben. Die im folgenden mit ⊙ bezeichnete Seite ist zahlenmäßig jeweils stärker gewesen, so daß sich dann beim Abschluß des Kontos als Saldo und Endbestand — auf der schwächeren Seite — diejenige Zahl ergab, die in die Bilanz kommt:

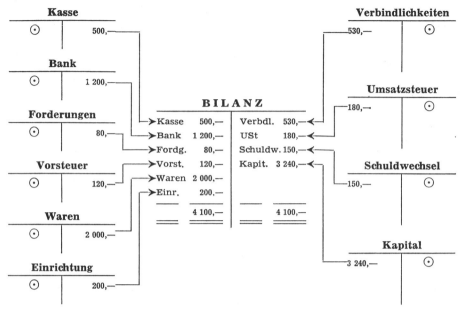

Vorsteuer und Umsatzsteuer werden nach dem Grundsatz der Bilanzklarheit nicht miteinander verrechnet, sondern g e t r e n n t (= unsaldiert) in die Bilanz übernommen. Erst bei der Zahlung an das Finanzamt erfolgt die Verrechnung.

Wir ersehen aus unserem Schaubild, welches die „Aufgliederung der Bilanz" darstellt, daß jede Zahl z w e i m a l gebucht wurde, und zwar einmal im Soll und einmal im Haben je eines Kontos (z. B. 500,— auf Bilanzkonto im Soll und auf Kassenkonto im Haben). Dieses zweimalige Buchen ist ein wichtiges Grundprinzip in der kaufmännischen Buchführung, zumal in der systematisch geführten d o p p e l t e n Buchführung (Doppik), die uns hier allein interessiert, da die „einfache Buchführung" in der Praxis kaum mehr in Betracht kommt.

## 4. Wie wird ein Kassenkonto geführt?

Das am leichtesten verständliche Konto ist wohl das Kassenkonto. Wir wollen es deshalb zuerst genauer kennenlernen. Daß man hier alle EINNAHMEN l i n k s , alle AUSGABEN r e c h t s einträgt, dürfen wir als allgemein bekannt voraussetzen.

Warum ist das eigentlich so? Nun, man kann doch wohl Geld erst dann a u s - g e b e n, wenn man vorher welches e i n g e n o m m e n hat; und da wir ja — auch außerhalb der Buchführung — immer von links nach rechts schreiben, ist es ganz natürlich, daß wir links (mit den Einnahmen) beginnen.

In das Kassenkonto oder Kassenbuch kommen nur solche Einträge, bei denen es sich um b a r e Einnahmen oder Ausgaben handelt, also keine Zahlungen durch Bank- oder Postscheküberweisungen. Wie könnte nun z. B. unser obiges Kassenkonto, das wir am 31. 12. 19.. mit 500,— DM auf Bilanz abgeschlossen haben, im Monat Dezember ausgesehen haben?

Vielleicht so:

| Einnahmen | Kassenbuch für Monat Dezember 19.. | | Ausgaben | |
|---|---|---|---|---|
| | | DM | | DM |
| 1. 12. Anfangsbestand (Übertrag v. Nov.) | | 420,— | 5. 12. Zahlung an Lieferant | 750,— |
| 4. 12. Verkauf v. Waren bar | | 695,— | 8. 12. Kauf v. Waren bar | 395,— |
| 7. 12. Barzahlung v. Kunde | | 305,— | 11. 12 Zahlung v. Steuern | 60,— |
| 14. 12. Einlösung eines Besitzwechsels | | 250,— | 15. 12. Fracht u. Rollgeld | 10,— |
| 19. 12. Verkauf v. Waren bar | | 735,— | 17. 12. Einlösung eines Schuldwechsels | 625,— |
| 27. 12. Abhebung v. Bankkto. | | 500,— | 21. 12. Kauf eines Regals | 150,— |
| 29. 12. Verkauf v. Waren bar | | 180,— | 28. 12. Zahlung v. Miete | 80,— |
| | | | 31. 12. Lohnzahlung | 415,— |
| | | | 31. 12. Privatentnahme | 100,— |
| | | | 31. 12. Endbestand (Saldo) | 500,— |
| | | 3 085,— | | 3 085,— |

Nebenbei bemerkt: Wie stellt man nach der letzten Eintragung (Privatentnahme) den Endbestand fest?

Das kann natürlich auch durch Zusammenzählen aller Ausgaben und Abziehen dieser Summe von der Einnahme-Summe geschehen. Der Kaufmann aber errechnet ihn stets durch S a l d i e r e n , d. h. durch Ergänzen der fehlenden Zahl zur Summe, hier durch Ergänzen auf 3085,— DM beim Zusammenzählen der Ausgaben.

**Übungsaufgabe**

Wir führen unser Kassenkonto für den Monat Januar des neuen Jahres weiter. Folgende Geschäftsvorfälle sind zu buchen:

| | |
|---|---|
| 1. 1. Anfangsbestand (Übertrag v. Dez.) | 500,— |
| 3. 1. Kauf von Waren bar | 248,50 |
| 7. 1. Zahlung für Zeitungsanzeige | 55,— |
| 10. 1. Barzahlung von Kunde | 368,45 |
| 11. 1. Einlösung eines Schuldwechsels | 175,— |
| 16. 1. Verkauf von Waren bar | 708,30 |
| 21. 1. Privatentnahme | 200,— |
| 24. 1. Zahlung für Ladenmiete | 80,— |
| 27. 1. Einlösung eines Besitzwechsels | 450,— |
| 27. 1. Einzahlung auf Bankkonto | 300,— |
| 31. 1. Lohnzahlung | 425,60 |
| 31. 1. Versch. Geschäftskosten bar | 45,— |

Wie groß ist der Endbestand am 31. Januar?

( L ö s u n g : 497,65 DM)

## 5. Wie sind die Buchungen auf dem Bankkonto zu verstehen?

| Soll | | Bankkonto | | Haben |
|---|---|---|---|---|
| | DM | | DM | |
| ❶ Unsere Einzahlung | 1 000,— | Unsere Abhebungen | 500,— | ❹ |
| ❷ Überweisungen von Kunden | 2 000,— | Unsere Überweisungen an Lieferanten | 1 600,— | ❺ |
| ❸ Zinsen zu unseren Gunsten | 10,— | Einlösungen unserer Schecks | 300,— | ❻ |
| | | Zinsen und Spesen zu unseren Lasten | 20,— | ❼ |
| | | Saldo zu unseren Gunsten | 590,— | ❽ |
| | 3 010,— | | 3 010,— | |

❶ Wenn wir 1000,— DM aus unserer Kasse entnehmen und auf ein Bankkonto einzahlen, das dem laufenden Zahlungsverkehr mit Kunden und Lieferanten dienen soll (Kontokorrent-, Girokonto), dann richtet nicht nur die Bank für uns ein Konto ein — das brauchen w i r ja nicht zu führen —, sondern auch wir müssen in unserer Buchführung ein K o n t o ü b e r d i e B a n k aufmachen. Selbstverständlich stehen dann unsere Buchungen gerade auf der entgegengesetzten Seite. Während dann bei der Bank 1000,— DM eingehen, welchen Betrag sie unserem Konto gutschreibt, geht diese Summe ja bei uns aus (Kassenkonto: Haben!). Auf unserem Konto über die Bank müssen wir diese also belasten, d. h. ins S o l l buchen.

❷ Überweisen uns nun die Kunden irgendwelche Beträge, die unser Bankguthaben ja vergrößern, so müssen wir ebenfalls im S o l l buchen (z. B. 2000,— DM).

❸ Gibt uns die Bank für dieses unser Guthaben Zinsen (z. B. 10,— DM), so gehören sie auch ins S o l l. (Warum?)

❹—❼ Andererseits wird es uns sicher einleuchten, daß alle Geschäftsvorfälle, die unser Guthaben verringern, auf der H a b e n seite eingetragen, d. h. der Bank gutgeschrieben werden müssen, z. B. unsere Abhebungen, unsere Überweisungen an Lieferanten und ans Finanzamt (Umsatzsteuer!), unsere Schecks, die die Bank bezahlt, sowie Spesen und Zinsen, die sie für ihre Bemühungen berechnet.

❽ Der beim Abschluß im Haben entstehende Saldo stellt unser Endguthaben dar und kommt demzufolge auf die Aktivseite unserer Bilanz (590,— DM).

Wenn wir bei unserer Bank entsprechend Kredit haben, kann auch einmal die Habenseite des Bankkontos (unsere Schuld!) größer sein als die Sollseite (unser Guthaben!). Der Saldo entsteht dann auf der Sollseite und müßte auf die Passivseite der Bilanz übertragen werden.

> **Übungsaufgabe**

Wir haben ein Konto bei der Nass. Sparkasse. Folgende Geschäftsvorfälle sind darauf zu buchen:

1. Wir zahlen 500,— DM bar ein.
2. Wir schreiben einen Scheck über 215,— DM aus, den die Bank einlöst.
3. Ein Kunde überweist uns 785,— DM auf unser Konto.
4. Wir überweisen 420,— DM an unseren Lieferanten.
5. Wir heben 250,— DM ab.
6. Die Bank löst unseren zweiten Scheck über 65,— DM ein.
7. Die Bank berechnet uns 4,— DM Zinsen zu unseren Gunsten sowie 3,— DM Spesen zu unseren Lasten.

Wie groß ist der Endbestand?

(Lösung: 336,— DM)

## 6. Was bedeuten die Buchungen auf Kunden- und Lieferantenkonten?

Wir haben bei unserem Beispiel von der Aufgliederung der Bilanz in einzelne Konten gesehen, daß das Konto „Forderungen" dort auf der Sollseite, das Konto „Verbindlichkeiten" aber auf der Habenseite steht. Wir wissen auch bereits, daß das so richtig ist, da ja Forderungen an Kunden (Debitoren oder Außenstände) für den Kaufmann ein Guthaben (Aktivum), Verbindlichkeiten an Lieferanten (Kreditoren) aber Schulden (Passiven) darstellen. Wie kommt es nun zu diesen Endbeständen an Forderungen und Verbindlichkeiten in Höhe von 80,— DM bzw. 530,— DM?

### a) Das Lieferantenkonto

Bevor man an Kunden Waren verkaufen kann, muß man erst welche beim Lieferanten eingekauft haben. Wir betrachten deshalb zuerst das Lieferantenkonto, das man auch Gläubiger-, Kreditoren-, Liefererkonto oder Konto „Verbindlichkeiten" nennt.

In der Praxis erhält natürlich jeder einzelne Lieferant ein besonderes, mit seinem Firmennamen überschriebenes Konto. Hier fassen wir der Einfachheit halber einmal alle Lieferanten auf einem Konto zusammen:

| Soll | | **Lieferantenkonto** | | Haben |
|---|---|---|---|---|
| | | DM | | DM |
| ❷ Unsere Barzahlung | | 500,— | Seine Lieferung | 1 830,— ❶ |
| ❸ Unsere Banküberweisung | | 300,— | | |
| ❹ Unsere Postscheck-überweisung | | 100,— | | |
| ❺ Unsere Wechselsendung | | 400,— | | |
| ❻ Saldo beim Abschluß | | 530,— | | |
| | | 1 830,— | | 1 830,— |

❶ Wir kaufen für 1830,— DM Waren ein, die wir erst später zu bezahlen brauchen (Einkauf auf Ziel oder Kredit). Buchung auf Lieferantenkonto: im Haben.

Warum? Dafür gibt es zwei Erklärungen:

1. Wenn bei uns im Geschäft Ware eingeht, dann muß sie beim Lieferanten ausgehen. Da nun das Lieferantenkonto gewissermaßen das Geschäftshaus des Lieferanten darstellt, so muß ein Warena u s g a n g dort auf der Ausgangsseite, also im H a b e n, gebucht werden.

2. Da wir zwar Ware erhalten, den Betrag aber noch nicht bezahlt haben, müssen dem Lieferanten die 1830,— DM zunächst gutgeschrieben werden, d. h. im Haben (= sein Gut h a b e n) gebucht werden.

❷ Einige Zeit später bezahlen wir einen Teil unserer Schuld, nämlich 500,— DM bar. Buchung auf Lieferantenkonto: im Soll. Warum? Das läßt sich sogar auf drei Arten erklären:

1. Beim Lieferanten gehen 500,— DM ein, und eine E i n g a n g s buchung ist immer eine S o l l buchung.

2. Der Lieferant muß für unsere Zahlung belastet werden; eine Belastung oder Lastschrift ist aber auch stets eine S o l l buchung.

3. Wenn wir 500,— DM bezahlt haben, dann ist unsere Schuld geringer geworden und beträgt nur noch 1330,— DM, was auf dem Konto sofort dadurch ersichtlich wird, daß man die 500,— DM ins Soll schreibt, also der Schuld von 1830,— DM im Haben gegenüberstellt.

❸—❺ Weitere Teile unserer Schuld begleichen wir durch eine Banküberweisung in Höhe von 300,— DM, durch eine Postscheckübersweisung von 100,— DM und durch die Zusendung eines Wechsels in Höhe von 400,— DM. Warum diese 3 Zahlungen auf der Sollseite des Lieferantenkontos gebucht werden müssen, ist auf die gleiche Weise zu erklären wie unsere Barzahlung.

❻ Wir schließen das Lieferantenkonto mit 530,— DM auf das Bilanzkonto ab. Dieser Saldo von 530,— DM muß zum Ausgleich des Kontos auf der Sollseite eingetragen werden. Er stellt u n s e r e  S c h u l d am Ende des Geschäftsjahres dar und kommt infolgedessen — nach dem Grundsatz des „doppelten Buchens" — auf die H a b e n seite des Bilanzkontos.

Wir merken uns also für das Konto des Lieferanten:

1. Alle seine Lieferungen stehen im Haben.

2. Alle unsere Zahlungen stehen im Soll.

3. Da wir niemals mehr bezahlen, als wir schuldig sind, kann normalerweise die Sollseite zahlenmäßig nie größer sein als die Habenseite, weshalb der Abschluß-Saldo (unsere Restschuld) im Soll entsteht.

> **Übungsaufgabe**

Errichten Sie das Konto unseres Lieferanten Gebr. Schulz, Köln, tragen Sie die Geschäftsvorfälle ein, und schließen Sie zum 31. Dezember ab!

    4. 12. Seine Lieferung: 2400 m zu 1,20 DM je m + 10 % USt
    8. 12. Unsere Zahlung durch Banküberweisung 1450,— DM
  15. 12. Unsere Zahlung durch Wechsel 500,— DM
  20. 12. Seine Lieferung: 850 m zu 1,20 DM je m + 10 % USt
  21. 12. Sein Preisnachlaß (einschl. USt) 110,— DM
  24. 12. Unsere Barzahlung 825,— DM
  27. 12. Unsere Zahlung durch Postscheküberweisung 500,— DM

(L ö s u n g : Abschlußsaldo 905,— DM)

### b) Das Kundenkonto

Das Konto unserer Forderungen, auch Kunden- oder Debitorenkonto genannt, ist das genaue Spiegelbild des Lieferantenkontos, da die Verhältnisse hier ja genau umgekehrt liegen.

Bei dem folgenden Beispiel fassen wir ebenfalls alle einzelnen Kunden, für die in der Praxis je ein besonderes Konto angelegt wird, auf einem Sammelkonto zusammen.

| Soll | **Kundenkonto** | Haben |
|---|---|---|
| | | DM |
| ❶ Unsere Lieferung     2 000,— | Seine Barzahlung | 1 000,— ❷ |
| | Seine Banküberweisung | 200,— ❸ |
| | Seine Postscheküberweisung | 300,— ❹ |
| | Seine Wechselsendung | 420,— ❺ |
| | Saldo beim Abschluß | 80,— ❻ |
| 2 000,— | | 2 000,— |

❶ Wir verkaufen für 2000,— DM Waren an einen Kunden, der erst später zu bezahlen braucht (Verkauf auf Ziel oder Kredit). Buchung auf Kundenkonto: im Soll.

Warum? Auch dafür gibt es zwei Erklärungen:

1. Wenn aus unserem Geschäft Ware hinausgeht, dann muß sie bei dem Kunden eingehen. Eine E i n g a n g s buchung ist aber immer eine S o l l buchung.

2. Da der Kunde den Gegenwert noch nicht bezahlt hat, müssen wir ihn vorerst mit 2000,— DM belasten, d. h. im Soll buchen (Soll = s o l l z a h l e n).

❷ Nach einiger Zeit bezahlt der Kunde einen Teil seiner Schuld, und zwar 1000,— DM bar. Buchung auf Kundenkonto: im Haben. Warum? Wiederum gibt es 3 Erklärungen:

1. Bei dem Kunden gehen 1000,— DM aus, und eine **Ausgangs**buchung ist ja immer eine **Haben**buchung.
2. Dem Kunden muß die Zahlung auf seinem Konto gutgeschrieben werden, d. h. es wird im Haben gebucht. (Haben = gut oder gezahlt haben.)
3. Wenn der Kunde 1000,— DM bezahlt hat, dann ist unsere Forderung um diesen Betrag geringer geworden, was auf dem Konto sofort ersichtlich wird, wenn man den Betrag ins Haben schreibt, also der ursprünglichen Forderung von 2000,— DM im Soll gegenübergestellt.

❸—❺ Weitere Teile seiner Schuld begleicht der Kunde durch eine Banküberweisung in Höhe von 200,— DM, durch eine Postschecküberweisung von 300,— DM und durch die Zusendung eines Wechsels in Höhe von 420,— DM. Auch diese 3 Buchungen auf der Habenseite des Kundenkontos sind auf die gleiche Weise erklärlich wie die Barzahlung.

❻ Wir schließen das Kundenkonto mit einem Saldo von 80,— DM auf das Bilanzkonto ab. Dieser Saldo muß zum Ausgleich des Kontos auf der Habenseite eingetragen werden. Er stellt unsere Forderung am Ende des Geschäftsjahres dar und kommt — ebenfalls nach dem Grundsatz des „doppelten Buchens" — auf die Sollseite des Bilanzkontos.

Wir merken uns also für das Konto eines Kunden genau das Gegenteil von dem, was wir beim Lieferantenkonto festgestellt haben, nämlich:

1. Alle unsere Lieferungen stehen im Soll.
2. Alle seine Zahlungen stehen im Haben.
3. Da die Kunden nicht mehr bezahlen, als sie uns schuldig sind, kann die Habenseite zahlenmäßig normalerweise nie größer sein als die Sollseite, weshalb der Abschluß-Saldo (unsere Restforderung) im Haben entsteht.

> **Übungsaufgabe**

Eröffnen Sie das Konto unseres Kunden Ludwig Berg, Stuttgart, tragen Sie die Geschäftsvorfälle ein, und schließen Sie zum 31. Dezember ab!

    3. 12. Unsere Lieferung: 730 m zu 1,80 DM je m + 10 % USt
    9. 12. Seine Barzahlung 815,— DM
  12. 12. Unsere Lieferung: 425 m zu 1,80 DM je m + 10 % USt
  16. 12. Unser Preisnachlaß (einschl. USt) 55,— DM
  23. 12. Seine Zahlung durch Banküberweisung 350,— DM
  28. 12. Unsere Lieferung: 610 m zu 1,80 DM je m + 10 % USt
  30. 12. Seine Zahlung durch Wechsel 1275,— DM

(**Lösung**: Abschluß-Saldo 999,70 DM)

## 7. Welche Buchungen werden auf den Warenkonten gemacht?

Um die Darstellung der grundsätzlichen Zusammenhänge nicht zu komplizieren, wird hier die **Umsatzsteuer** erst bei den Übungsaufgaben berücksichtigt.

Die wichtigsten Konten für den Einzel- und Großhandel — gewissermaßen im Mittelpunkt ihrer Buchführung stehend — sind die Warenkonten. Stammt doch der Hauptgewinn eines Handelsbetriebes aus dem Verkaufserlös für Waren oder genauer: aus dem Unterschied zwischen den Ein- und Verkaufspreisen der Waren.

### a) Das Warenkonto als gemischtes Konto

Bis zum Erlaß der Buchführungsrichtlinien vom 11. November 1937 wurde das Warenkonto meist als ein sogenanntes gemischtes oder Bestands-Erfolgs-Konto geführt, d. h. als ein Konto, auf dem sowohl Bestände als auch Gewinne (bzw. Verluste) gebucht werden. Ein- und Verkäufe stehen gemeinsam auf dem gleichen Konto, das mit seinem Endbestand an Waren auf das Bilanzkonto und mit dem erzielten Gewinn auf das Gewinn- und Verlust-Konto (GuV-Konto) abgeschlossen wird.

**Beispiel 1**

❶ Einkauf bar: 2000 Stück zu je 1,— DM                  2 000,— DM

❷ Verkauf bar: 1200 Stück zu je 1,50 DM               1 800,— DM

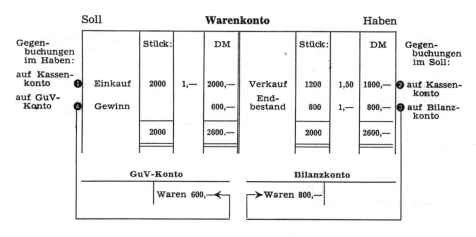

### b) Die Zerlegung des Warenkontos in Wareneinkaufs- und Warenverkaufskonto

Gegenüber dieser älteren Methode wird jetzt das Warenkonto meist aufgegliedert in ein reines Bestandskonto, das Wareneinkaufskonto (WEK), einerseits — Abschluß auf Bilanzkonto — und in ein reines Erfolgskonto, das Warenverkaufskonto (WVK), andererseits — Abschluß auf GuV-Konto. Den Zusammenhang zwischen beiden Konten stellt der auf Wareneinkaufskonto sich ergebende Saldo (= verkaufte Ware zum Einkaufspreis!) dar, der auf das Warenverkaufskonto übertragen wird, wo er dem Verkaufspreis der gleichen Ware gegenübersteht.

Beispiel 1 wird dann folgendermaßen gebucht:

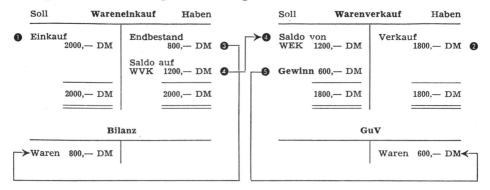

Die Merksätze zu den 5 Buchungen auf den Warenkonten wären also:

❶ Alle Einkäufe (netto = ohne USt) kommen ins Soll des Wareneinkaufskontos.

❷ Alle Verkäufe (netto = ohne USt) kommen ins Haben des Warenverkaufskontos.

❸ Der beim Abschluß ermittelte Warenendbestand wird im Haben des Wareneinkaufskontos eingesetzt (und zugleich im Soll der Bilanz).

❹ Der sich dann auf der Habenseite des Wareneinkaufskontos ergebende Saldo wird auf die Sollseite des Warenverkaufskontos übertragen (= verkaufte Ware zum Einkaufspreis).

❺ Der sich schließlich im Soll des Warenverkaufskontos ergebende Saldo stellt den (Roh-)Gewinn dar und wird auf die Habenseite des GuV-Kontos übertragen.

### Übungsaufgaben

(Den genannten Preisen sind jeweils 10 % USt zuzuschlagen.)

1.

Einkauf: 4500 m zu je 1,30 DM; Verkauf: 2800 m zu je 2,— DM. Wie groß sind Endbestand und Gewinn?

**Lösung**

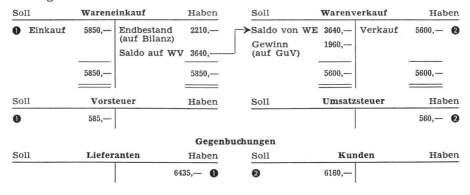

2.

Einkäufe: 640 l zu je —,75 DM
390 l zu je —,75 DM
820 l zu je —,75 DM

Verkäufe: 210 l zu je 1,20 DM
470 l zu je 1,20 DM
90 l zu je 1,20 DM
530 l zu je 1,20 DM

Wie groß sind Endbestand und Gewinn?

**Lösung**

| Soll | Wareneinkauf | | Haben | | Soll | Warenverkauf | | Haben | |
|---|---|---|---|---|---|---|---|---|---|
| ❶ Einkauf | 480,— | Endbestand (auf Bilanz) | 412,50 | →| Saldo von WE | 975,— | Verkauf | 252,— | ❹ |
| ❷ Einkauf | 292,50 | Saldo auf WV | 975,— | | Gewinn (auf GuV) | 585,— | Verkauf | 564,— | ❺ |
| ❸ Einkauf | 615,— | | | | | | Verkauf | 108,— | ❻ |
| | | | | | | | Verkauf | 636,— | ❼ |
| | 1387,50 | | 1387,50 | | | 1560,— | | 1560,— | |

| Soll | Vorsteuer | Haben | | Soll | Umsatzsteuer | Haben | |
|---|---|---|---|---|---|---|---|
| ❶ | 48,— | | | | | 25,20 | ❹ |
| ❷ | 29,25 | | | | | 56,40 | ❺ |
| ❸ | 61,50 | | | | | 10,80 | ❻ |
| | | | | | | 63,60 | ❼ |

**Gegenbuchungen**

| Soll | Lieferanten | Haben | | Soll | Kunden | Haben |
|---|---|---|---|---|---|---|
| | | 528,— ❶ | | ❹ | 277,20 | |
| | | 321,75 ❷ | | ❺ | 620,40 | |
| | | 676,50 ❸ | | ❻ | 113,80 | |
| | | | | ❼ | 699,60 | |

**c) Warenrücksendungen, Privatentnahmen von Waren, Warenbezugskosten**

Nachdem wir die grundsätzliche Buchungs- und Abschlußtechnik bei den Warenkonten kennengelernt haben, wollen wir nun noch dreierlei dazulernen:

1. Da das Wareneinkaufskonto grundsätzlich nur Einkaufspreise enthält und dem Verkehr mit unseren Lieferanten dient, werden unsere Rücksendungen von Waren an Lieferanten hier im Haben (= Ausgang) gebucht; wenn wir andererseits Warenrücksendungen von Kunden erhalten, muß eine Sollbuchung auf dem Warenverkaufskonto (= Eingang) erfolgen, da dieses grundsätzlich nur Verkaufspreise aufnimmt und auf den Verkehr mit den Kunden Bezug hat.

2. Entnehmen wir Ware für den Privatgebrauch aus unserem eigenen Geschäft, dann bucht man sie zweckmäßigerweise als Ausgang auf dem Waren e i n k a u f s konto, da es sich um Entnahmen zum Einkaufspreis

handelt. Auch dieser Eigenverbrauch ist umsatzsteuerpflichtig; eine Buchung auf Waren v e r k a u f s konto Haben — statt auf WEK — ist deshalb in der Praxis ebenfalls üblich.

3. Bezugsspesen für den Einkauf, z. B. Fracht und Rollgeld (netto = ohne USt), erhöhen den Einkaufspreis der Ware. Man kann sie deshalb auf der Sollseite des Wareneinkaufskontos einsetzen. Oft werden jedoch alle Bezugskosten erst auf einem besonderen Konto gesammelt und beim Abschluß in e i n e r Summe auf WEK übertragen.

**Beispiel 2**

| | | | |
|---|---|---|---|
| 1. | Anfangsbestand an Waren | 8 000 kg zu je 1,— DM = | 8 000,— |
| 2. | Einkäufe | 4 500 kg zu je 1,— DM = | 4 500,— |
| 3. | Bezugskosten für Einkäufe | | 140,— |
| 4. | Verkäufe | 7 200 kg zu je 1,50 DM = | 10 800,— |
| 5. | Privatentnahme von Waren | 100 kg zu je 1,— DM = | 100,— |
| 6. | Rücksendung des Kunden | 200 kg zu je 1,50 DM = | 300,— |
| 7. | Rücksendung an Lieferant | 200 kg zu je 1,— DM = | 200,— |

| Soll | **Wareneinkauf** | | Haben |
|---|---|---|---|
| | DM | | DM |
| ❶ Anfangsbestand | 8 000,— | Privatentnahme | 100,— ❺ |
| ❷ Einkäufe | 4 500,— | Rücksendung an Lieferant | 200,— ❼ |
| ❸ Bezugskosten | 140,— | Endbestand (Bilanz) | 5 200,— |
| | | Saldo auf WVK | 7 140,— |
| | 12 640,— | | 12 640,— |

| Soll | **Warenverkauf** | | Haben |
|---|---|---|---|
| | DM | | DM |
| ❻ Rücksendung von Kunde | 300,— | Verkäufe | 10 800,— ❹ |
| Saldo von WEK | 7 140,— | | |
| Gewinn (GuV) | 3 360,— | | |
| | 10 800,— | | 10 800,— |

Der Warenendbestand wurde folgendermaßen festgestellt:

| | | | |
|---|---|---|---|
| Anfangsbestand | | 8 000 kg | |
| + Einkäufe | | 4 500 kg | |
| | | 12 500 kg | |
| ⁄ { Verkäufe | 7 200 kg | | |
| ⁄ { Privatentnahme | 100 kg | 7 300 kg | |
| | | 5 200 kg zu je 1,— DM = | 5 200,— DM |

Zur Probe können wir den (Roh-) Gewinn von 3360,— DM auch ohne Kontenabschluß auf folgende Weise ermitteln:

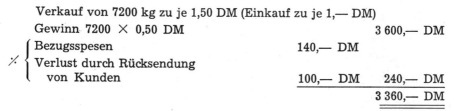

Verkauf von 7200 kg zu je 1,50 DM (Einkauf zu je 1,— DM)
Gewinn 7200 × 0,50 DM                            3 600,— DM
./. { Bezugsspesen                                        140,— DM
    Verlust durch Rücksendung
    von Kunden                                    100,— DM    240,— DM
                                                                                                              3 360,— DM

**Übungsaufgaben**

Wie groß sind Warenendbestand und Gewinn? (Bei allen Geschäftsvorfällen sind 10 % USt zu berücksichtigen.)

1. Anfangsbestand         2 700 m zu je    1,50 DM
   Einkäufe                 4 200 m zu je    1,50 DM
   Bezugskosten                        210,— DM
   Verkäufe                 4 800 m zu je    2,— DM
   Privatentnahme         50 m
   Rücksendung von Kunde   80 m
   Rücksendung an Lieferant   80 m

**Lösung**

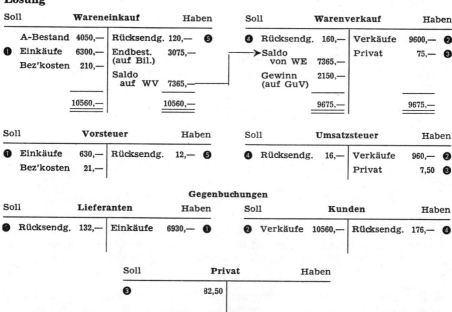

Bei Rücksendungen mindert sich die Bemessungsgrundlage für die Umsatzsteuer bzw. Vorsteuer; diese sind daher entsprechend zu berichtigen.

2. Anfangsbestand       6 910 Stück zu je   —,40 DM
   Einkäufe            13 460 Stück zu je   —,40 DM
   Bezugskosten                             165,20 DM
   Verkäufe            11 750 Stück zu je   —,60 DM
   Privatentnahme         320 Stück
   Rücksendung von Kunde  400 Stück
   Verkäufe             3 800 Stück zu je   —,60 DM

**Lösung**

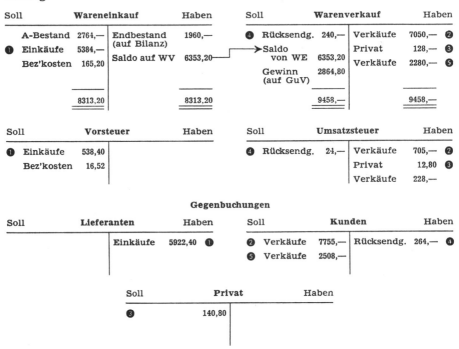

## 8. Was wird auf Kapital- und Privatkonto gebucht?

Daß das Kapitalkonto den Wert des eigenen Kapitals eines Kaufmanns enthält und als Ausgleichsposten auf der Habenseite der Bilanz eingesetzt wird, haben wir bereits kennengelernt. Sehen wir uns dieses Konto jetzt genauer an!

❶ Wie kommt die erste Buchung auf Kapitalkonto zustande? Wenn wir z. B. ein Geschäft mit einem Barkapital von 20 000,— DM gründen, dann legen wir diese Summe in die Kasse ein (Einnahme, also Buchung auf Sollseite!). Sie stellt gleichzeitig unser Anfangsk a p i t a l dar und stammt daher aus dem Kapitalkonto (Habenbuchung):

| Soll | Kapital | Haben | Soll | Kasse | Haben |
|---|---|---|---|---|---|
| | ❶ 20 000,— ◄——— | | | 20 000,— | |

❷ Mit diesem Kapital arbeitet nun das Unternehmen. Das Bestreben geht natürlich dahin, es ständig zu vermehren. Die Kapitalvermehrung erfolgt hauptsächlich durch den Gewinn aus dem Verkauf der Waren. Diesem Rohgewinn stehen allerdings auch manche Geschäftskosten gegenüber; letzten Endes aber bleibt in der Regel doch ein Reingewinn übrig, z. B. 5000,— DM, der auf der Sollseite des GuV-Kontos als Saldo entsteht und nun dem Kapitalkonto zugeschrieben wird:

| Soll | Kapital | Haben | Soll | GuV | Haben |
|---|---|---|---|---|---|
| | ❶ Anfangskapital 20 000,— | | Verschiedene Geschäftskosten 10 000,— | Rohgewinn aus Warenverkäufen 15 000,— | |
| | ❷ 5 000,— ◄——— | | Reingewinn 5 000,— | | |

❸ Der Reingewinn vermehrt also das Anfangskapital um 5000,— DM; es würde jetzt 25 000,— DM betragen, wenn nicht — die Privatentnahmen wären. Sie sind gewissermaßen vorweg entnommener, bereits verbrauchter (aber einkommensteuerpflichtiger!) Gewinn. Der Unternehmer muß ja im Laufe des Jahres den Lebensunterhalt für sich und seine Familie aus den Einnahmen bestreiten, seine privaten Bedürfnisse befriedigen und seine privaten Steuern entrichten. Er hat deshalb dafür an Bargeld aus der Kasse, vielleicht auch an Waren oder vom Bankkonto Beträge — beispielsweise insgesamt 1200,— DM — entnommen. Aus den genannten Konten gingen diese Summen aus (Habenbuchungen) und werden auf dem Privatkonto (im Soll) gesammelt. Alle Privatentnahmen verringern naturgemäß das Kapital des Unternehmens, was durch den Abschluß des Privatkontos mit der Sollseite des Kapitalkontos zum Ausdruck kommt:

| Soll | Privat | Haben | Soll | Kapital | Haben |
|---|---|---|---|---|---|
| Kasse 900,— | | 1 200,— ———► ❸ | 1 200,— | Anfangskapital 20 000,— ❶ | |
| Waren 100,— | | | | Reingewinn 5 000,— ❷ | |
| Bank 200,— | | | | | |

❹ Nachdem auf Kapitalkonto der Gewinn zugeschrieben, die Privatentnahmen jedoch als Kapitalminderung auf der Gegenseite eingesetzt wurden, erhält man das auf Bilanzkonto zu übertragende Endkapital durch Saldieren auf der schwächeren, d. h. auf der Sollseite:

| Soll | Bilanz | Haben | Soll | Kapital | Haben |
|---|---|---|---|---|---|
| | | | ❸ Privatentnahmen 1 200,— | Anfangskapital 20 000,— ❶ | |
| | Kapital 23 800,— ◄——— | | ❹ Endkapital 23 800,— | Reingewinn 5 000,— ❷ | |
| | | | 25 000,— | 25 000,— | |

Wenn wir die soeben gemachten einzelnen Buchungen auf dem Kapitalkonto zusammenfassend darstellen, dann ergibt sich folgendes Bild:

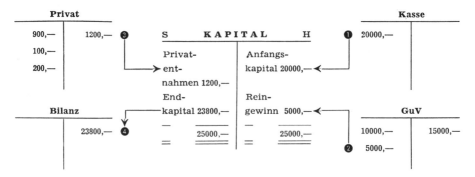

Merken wir uns dazu die Formel:

> Anfangskapital
> + Reingewinn
> ./. Privatentnahmen
> = Endkapital

Ergibt sich ausnahmsweise kein Reingewinn, sondern ein Verlust, so ist er auf dem Kapitalkonto — ebenso wie die Privatentnahmen — im Soll einzusetzen (Kapitalminderung!).

**Übungsaufgaben**

1. Buchen Sie auf Kapitalkonto und ermitteln Sie das Endkapital
   a) bei 15 400,— DM Anfangskapital, 2 650,— DM **Reingewinn und** 920,— DM Privatentnahmen;
   b) bei 18 346,50 DM Anfangskapital, 3 193,25 DM Verlust und 782,40 DM Privatentnahmen;
   (L ö s u n g e n : a) 17 130,— DM, b) 14 370,85 DM)

2. Wie groß ist der Reingewinn eines Unternehmens bei 16 750,— DM Anfangskapital, 1400,— DM Privatentnahmen und einem Endkapital von 21 910,— DM?
   (L ö s u n g : 6560,— DM)

## 9. Was sind Bestandskonten, und wie werden sie abgeschlossen?

Alle Konten, die man in der Bilanz — Aktiv- und Passivseite — findet, heißen Bestandskonten. Dabei spielt allerdings das Kapitalkonto, das wir soeben genauer kennengelernt haben und das der Bilanz den ausgleichenden Saldobetrag liefert, eine ganz besondere Rolle. Auch dem Wareneinkaufskonto, das mit seinem Endbestand in die Bilanz eingesetzt wird und also ebenfalls ein Bestandskonto darstellt, hatten wir ja schon eine eingehendere Betrachtung gewidmet. Von den übrigen Bestandskonten haben wir bis jetzt ausführlicher gesprochen: Kassen-, Bank-, Lieferanten- und Kundenkonto.

Warum werden sie wohl „Bestandskonten" genannt?

Wenn auch z. B. in der Summe unserer Forderungen auf Kundenkonto ein bestimmter Gewinn versteckt ist, so wird dieser Gewinn doch erst in der Erfolgsrechnung — durch den Abschluß des Warenverkaufskontos, das ja die Forderungsbeträge (ausschließlich USt) als Verkäufe enthält — erfaßt. Grundsätzlich stellen aber die auf Kassen-, Bank-, Lieferanten- und Kundenkonten gebuchten Zahlen keine reinen Gewinne bzw. Verluste dar, sondern eben „nur" Bestände, die auf die Bilanz, als das Sammelkonto für alle Bestände, abgeschlossen werden.

Geschäftsvorfälle, die nur den Bestand verändern, haben keine Änderung der Höhe des Kapitals zur Folge.

**Beispiel**

| Aktiva | | **Bilanz** | | Passiva |
|---|---|---|---|---|
| | DM | | | DM |
| Kasse | 5 000,— | Verbindlichkeiten | | 4 000,— |
| Bank | 3 000,— | Kapital | | 16 000,— |
| Waren | 10 000,— | | | |
| Einrichtung | 2 000,— | | | |
| | 20 000,— | | | 20 000,— |

Wie sieht nun dieselbe Bilanz aus, wenn folgende Buchungen durchgeführt werden?

Wir entnehmen der Kasse:

1. 550,— DM, um Einrichtungsgegenstände (500,— DM + 10 % USt) zu kaufen;
2. 2 000,— DM, um eine Lieferantenrechnung zu bezahlen;
3. 1 000,— DM zur Einzahlung auf unser Bankkonto.

Resultat:

| Aktiva | | | **Bilanz** | | | Passiva |
|---|---|---|---|---|---|---|
| ./. 3 550,— | Kasse | 1 450,— | Verbindlichkeit. | 2 000,— | | ./. 2 000,— |
| + 1 000,— | Bank | 4 000,— | Kapital | 16 000,— | | |
| | Waren | 10 000,— | | | | |
| + 500,— | Einrichtung | 2 500,— | | | | |
| + 50,— | Vorsteuer | 50,— | | | | |
| | | 18 000,— | | 18 000,— | | |

Man unterscheidet nun zwei Arten von Bestandskonten: aktive und passive Bestandskonten.

**Aktive Bestandskonten**

Beim Kassen-, Kunden- und Bankkonto war die Sollseite die größere (unser Guthaben!); die Endbestände (Salden) ergaben sich infolgedessen auf der Habenseite und mußten beim Abschluß wiederum auf die Soll- oder Aktivseite der Bilanz kommen. Man nennt daher solche Konten, die Guthaben- oder Vermögensbestände für uns aufweisen, a k t i v e Bestandskonten. U. a. gehören dazu noch: Postscheck-, Besitzwechsel-, Wareneinkaufs-, Geschäftseinrichtungs-, Grundstücks- und Gebäudekonto sowie **das Konto Vorsteuer** (= Forderung an das Finanzamt). Bei ihnen allen wird die Sollseite zahlenmäßig stets stärker sein als die Habenseite, denn wir **werden niemals**

— mehr Postschecküberweisungen an Lieferanten machen können, als wir auf Postscheckkonto gut haben (im Soll);

— mehr Besitzwechsel einlösen oder weitergeben können, als eingegangen sind (im Soll);

— mehr Waren verkaufen können, als wir eingekauft haben (im Soll);

— mehr vom Wert der (im Soll stehenden) Einrichtungsgegenstände sowie der Grundstücke und Gebäude abbuchen oder verkaufen können, als sie uns anfangs gekostet haben.

Wie wir bei der Erörterung des Bankkontos schon oben erwähnten, kann hier auch einmal unsere Schuld (Habenseite) größer sein als unser Guthaben, weshalb es dann auf der Passivseite der Bilanz erscheint.

**Passive Bestandskonten**

Beim Lieferantenkonto stellten wir — umgekehrt — fest, daß die Habenseite (unsere Schulden) die größere war und daß sich infolgedessen der Endbestand (Saldo) auf der Sollseite ergab; er mußte beim Abschluß wiederum auf der Haben- oder Passivseite der Bilanz eingetragen werden. Solche Konten, die Schuldbestände für uns aufweisen, nennt man daher p a s s i v e Bestandskonten. Außer dem Lieferantenkonto gehören hierzu u. a. noch das Schuldwechsel- (Akzepte-)Konto, das Hypotheken- und Darlehensschuldkonto, das Konto Umsatzsteuer (= Schuld, Verbindlichkeit **an das Finanzamt**) sowie evtl. auch das Bankkonto. Bei diesen Konten wird nämlich die Habenseite normalerweise immer größer sein als die Sollseite, da wir niemals

— mehr Akzepte einlösen können, als wir schuldig sind (im Haben);

— mehr von der Hypotheken- oder von der Darlehensschuld zurückzahlen werden, als wir aufgenommen haben.

Das folgende Schaubild gibt eine zusammenfassende Übersicht über den Abschluß der Bestandskonten.

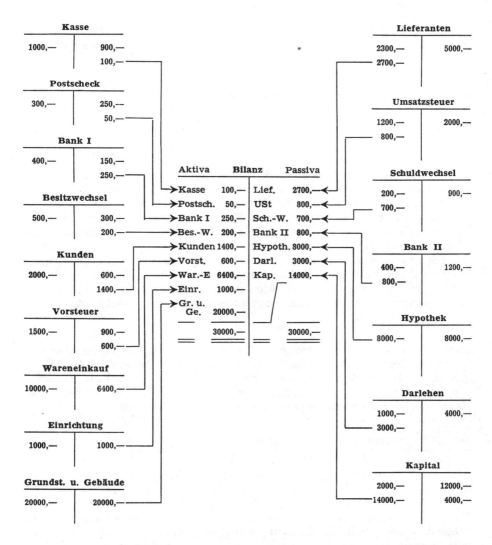

## 10. Was sind Erfolgskonten, und wie werden sie abgeschlossen?

### a) Die Buchung von Verlusten und Gewinnen

Wir wissen jetzt, was Bestandskonten sind und daß auf ihnen normalerweise weder Verluste (Aufwendungen) noch Gewinne (Erträge) gebucht werden. Nun gibt es aber noch eine zweite Gruppe von Konten, die sogenannten Erfolgskonten, die es — im Gegensatz zu den Bestandskonten — lediglich mit Verlust- oder Gewinnzahlen zu tun haben.

Es handelt sich da besonders um die einzelnen Geschäfts-, Betriebs- oder Verwaltungskosten, die auf besonderen Konten zu buchen sind. Nehmen wir beispielsweise an, daß wir 300,— DM Lohn bar zahlen. Auf welcher Seite eines neu zu errichtenden Lohnkontos müssen wir diesen Betrag einsetzen, wenn er auf unserem Kassenkonto eine Ausgabe darstellt? Natürlich im Soll, denn für die Kasse kann ja nur eine Habenbuchung in Frage kommen! Das Lohnkonto wird also belastet:

Ebenso wie der Lohn müssen auch alle anderen Kostenarten wie Miete, Geschäftssteuern (jedoch nicht die Umsatzsteuer, die ja auf einem Bestandskonto gebucht wird), Kosten für Heizung und Beleuchtung, Werbekosten, Ausgaben für Schreib- und Packmaterial, Porto usw. behandelt werden. Immer kommen diese Beträge, die für die Unternehmung Aufwendungen (Kosten, Verluste) darstellen, auf die Sollseite des betreffenden Kontos (Mietekonto, Steuerkonto usw). Die Gegenbuchung braucht jedoch nicht immer auf der Habenseite des Kassenkontos gemacht zu werden; wenn die Zahlungen für solche Geschäftskosten durch die Bank oder das Postscheckamt überwiesen werden, dann kommt natürlich die Habenseite dieser Konten in Betracht.

Haben wir andererseits einmal einen Posten zu buchen, der für uns Gewinn (Ertrag) bedeutet, z. B. eine bare Mieteinnahme in Höhe von 100,— DM, so geht dieser Betrag in unsere Kasse ein, muß also hier im Soll gebucht werden. Auf dem dann neu zu errichtenden Mieteinnahme- oder Hausertrags-Konto erfolgt dann notwendigerweise eine Habenbuchung:

| Soll | **Mieteinnahmen** | Haben | Soll | **Kasse** | Haben |
|---|---|---|---|---|---|
| | Kasse | 100,— ←—Mieteinnahmen 100,— | | |

So wie diese Mieteinnahme müssen dann auch alle anderen Gewinneingänge gebucht werden, z. B. Bankzinsen zu unseren Gunsten oder Provisionseinnahmen.

Wenn solche Eingänge nicht bar, sondern auf unser Bank- oder Postscheckkonto erfolgen, so werden die Beträge natürlich auf diesen Konten im Soll gebucht.

Im Gegensatz zu den Bestandskonten beeinflussen Buchungen auf solchen Verlust- und Gewinn-Konten stets die Höhe des Kapitals. Z. B. vermindern eine Lohnzahlung von 700,— DM und eine Gewerbesteuerzahlung von 100,— DM unseren Gesamtgewinn um 800,— DM. Dadurch wird auch der auf das Kapitalkonto zu übertragende Gewinnsaldo des GuV-Kontos um 800,— DM kleiner. Das auf die Bilanz zu übertragende Endkapital wird dann schließlich ebenfalls um 800,— DM kleiner sein (statt 10 000,— DM nur 9200,— DM):

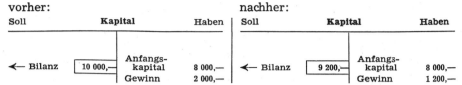

Wir haben also neu dazugelernt, daß alle **Verluste** auf der **Soll**seite des betreffenden (Kosten-)Kontos, alle **Gewinne** jedoch auf der **Haben**seite des entsprechenden (Ertrags-)Kontos gebucht werden, und wir merken uns nun noch, daß alle diese Konten, deren Zahlen weder Guthaben- noch Schuldenbestände bedeuten, sondern vielmehr Aufwendungen (Verluste) oder Erträge (Gewinne), zusammenfassend als **Erfolgskonten** bezeichnet werden.

### Übungsaufgabe

Zu den folgenden Geschäftsvorfällen sind jeweils die 2 oder 3 in Betracht kommenden Konten zu errichten und die Beträge einzutragen.

1. Zahlung von Grundsteuern durch Postscheckkonto — 85,—
2. Zahlung verschied. Geschäftskosten (einschl. 10,— DM USt) bar — 124,— (Soll: Geschäftskosten und Vorsteuer; Haben: Kasse)
3. Zahlung von Lohn durch Bankscheck — 240,—
4. Provisionseinnahmen bar (einschl. 10 % USt) — 55,—
5. Die Bank schreibt uns Zinsen gut (unser Bankguthaben wird größer!) — 12,—
6. Zahlung von Miete durch Banküberweisung — 145,—
7. Bezahlung einer Rechnung für elektrisches Licht (einschl. 10 % USt) bar (Soll: Heizung und Beleuchtung sowie Vorsteuer; Haben: Kasse) — 22,—
8. Barzahlung von Portospesen (Portokonto) — 3,50
9. Bezahlung einer Zeitungsanzeige durch Postscheck (einschl. 10 % USt) (Soll: Werbekosten und Vorsteuer; Haben: Postscheck) — 33,—
10. Barzahlung von Gewerbesteuer — 258,—

### b) Der Abschluß der Erfolgskonten

Wir haben als Abschluß- und Sammelkonto für alle Bestände (Vermögens- und Schuldbestände) das Bilanzkonto kennengelernt. Die soeben besprochenen Erfolgskonten mit ihren Verlust- oder Gewinnbeträgen werden aber nicht auf diese Bilanz, sondern auf ein besonderes Sammelkonto abgeschlossen, auf das Gewinn- und Verlustkonto.

Da bei allen Konten mit **Verlusten** die **Soll**seite die stärkere ist, entsteht der Abschlußsaldo im Haben und gehört demnach bei GuV-Konto wieder ins Soll.

Umgekehrt ist es bei den Konten mit **Gewinn**, deren **Haben**seiten stärker sind als die Sollseiten. Ihre Salden, die im Soll entstehen, kommen also auch auf die Habenseite des GuV-Kontos.

Zur näheren Erläuterung des Abschlusses der Erfolgskonten soll das Schaubild auf der folgenden Seite dienen. Der Einfachheit halber nehmen

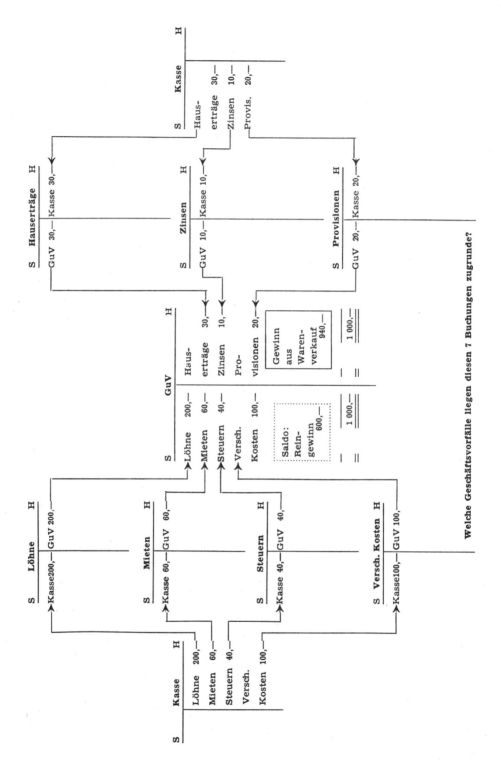

Welche Geschäftsvorfälle liegen diesen 7 Buchungen zugrunde?

42

wir als Gegenkonto für die einzelnen Verluste und Gewinne stets das Kassenkonto (also Barzahlung) an.

## 11. Welche Ausdrücke sind für die Soll- und Habenbuchungen üblich?

Wir haben nun schon einige wichtige Konten der doppelten Buchführung kennengelernt. Einmal wurde auf der linken, ein andermal auf der rechten Seite gebucht. Für diese Links- und Rechtsbuchungen gibt es nun in der Praxis eine ganze Anzahl von Ausdrücken, von Begriffspaaren. Es ist nämlich nicht gut möglich, alle Buchungen auf den verschiedenen Konten immer mit den gleichen Ausdrücken — wie z. B. „Einnahmen und Ausgaben", „erhält und gibt" — zufriedenstellend zu erklären. Eine Linksbuchung auf dem Kassenkonto etwa ist uns zwar als „Einnahme" gut verständlich, aber eine Linksbuchung auf dem Steuerkonto kann schwerlich auch als „Einnahme" angesehen werden. Oder: wenn zwar das Wareneinkaufskonto im

| (+) Soll | | | (Name des Kontos) | | Haben (—) |
|---|---|---|---|---|---|
| Datum | Text | Betrag | Datum | Text | Betrag |
| | An ........ | | | Per ........ | |
| **Soll** zahlen, erhält, nimmt, empfängt | Kunde, Lieferant | | | **Hat** gezahlt bzw. hat gut, gibt | |
| belasten (Lastschrift) (Belastung) | Kunde Lieferant Bank Postscheck Kapital | | | gutschreiben erkennen entlasten (Gutschrift, Entlastung) | |
| Einnahmen | Kasse Bank Postscheck | | | Ausgaben | |
| Einkäufe Eingänge Zugänge | Waren Wertpapiere Wechsel Einrichtung | | | Verkäufe Ausgänge Abgänge | |
| Debet (= schuldet) | Kunde Lieferant Bank Finanzamt (Vorst., USt) | | | Kredit (= hat gut) | |
| Verlust Aufwand Aufwendung Kosten | Alle Erfolgskonten: Geschäftskosten Lohn Miete Gewerbesteuern usw. | | | Gewinn Ertrag Erlös | |
| Aktiva | Alle Bestandskonten: insbes. Bilanz | | | Passiva | |

Soll Ware „erhält" (+), das Warenverkaufskonto im Haben welche her „gibt" (—), so können wir hingegen z. B. beim Kapitalkonto mit diesen Erklärungen wenig anfangen; denn hier erhält ja, umgekehrt, das Anfangskapital auf der rechten Seite den Gewinn (+), während die links zu buchenden Privatentnahmen einen Verlust bzw. eine Kapitalminderung (—) darstellen. Oder endlich: „belasten" und „gutschreiben" sind zwar für alle Konten, die den Namen eines Kunden oder Lieferanten tragen (Personenkonten), treffende Ausdrücke, passen aber nicht ebenso selbstverständlich für das Kassen- oder das Besitzwechselkonto.

Wir halten es deshalb für angebracht, sich niemals auf eine einzige Erklärungsart zu versteifen, sondern zur Verständlichmachung einer bestimmten Buchung den jeweils am besten geeigneten Ausdruck anzuwenden. Das vorstehende Schaubild gibt eine Übersicht über die grundsätzliche Gliederung eines Kontos und über die verschiedenen in der Praxis üblichen Begriffspaare bei den Buchungen. Die Ausdrücke, die im S o l l stehen, können jedenfalls niemals im H a b e n benutzt werden und umgekehrt. Die zwischen der linken und rechten Seite genannten Konten sollen Beispiele dafür sein, daß die danebenstehenden Ausdrücke hier zweckmäßig und verständlich sind.

## 12. Wodurch unterscheiden sich Grund- und Hauptbuchung?

Die Buchungen, die wir bis jetzt bei der Besprechung der verschiedenen Bestands- und Erfolgskonten gemacht haben, waren Hauptbuchungen, d. h. Buchungen auf Konten des Hauptbuches. In der Praxis kann man nun nicht immer gleich solche Hauptbuchungen vornehmen; der laufende Geschäftsbetrieb mit seinen mannigfachen Arbeiten läßt das meist nicht zu.

Alle Belege, die Unterlagen für die späteren Buchungen darstellen (Ein- und Ausgangsrechnungen, Quittungen, Überweisungsabschnitte, Bankauszüge, Gehaltslisten usw.) werden deshalb erst einmal vorsortiert. Sie erhalten einen Vermerk (evtl. Buchungsstempel!), der die (Hauptbuch-)Konten — namentlich oder in Ziffern — angibt, auf denen dann später gebucht werden muß. Man nennt das die „Vorkontierung". Man kann aber auch alle Geschäftsvorfälle zuerst einmal in zeitlicher Reihenfolge in ein G r u n d b u c h — Tagebuch, Journal, Memorial genannt — niederschreiben. Die G r u n d b u c h u n g ist also die erste, vorläufige Niederschrift eines Geschäftsvorfalles in ein Grundbuch, das — abgesehen vom Kassenbuch — e i n s e i t i g (paginiert) geführt wird. Diese Grundbuchung gibt die beiden Konten des Hauptbuches an, auf die der Geschäftsvorfall später übertragen wird, und zwar meist zuerst das Konto für die Soll- und dann das für die Habenbuchung.

**Beispiel**

Wir liefern am 10. April .. lt. Rechnungsdurchschlag Nr. 624 an unseren Kunden A. Schneider, Idstein, Lebensmittel im Werte von 50,— DM und gewähren ihm eine Zahlungsfrist von 30 Tagen.

Wie sieht die Grundbuchung dafür in einem Tagebuch aus?

| Datum | Text | Betrag |
|---|---|---|
| 10. 4. 19.. | a) entweder (ausführliche Fassung):<br>　unsere Lieferung v. Lebensmitteln<br>　lt. Rechnung Nr. 624<br>　　an A. Schneider, Idstein<br>　　30 Tage Ziel<br><br>b) oder (kürzer gefaßt):<br>　Konto A. Schneider, Idstein<br>　　an Konto Lebensmittel u. USt<br><br>c) oder (ganz kurz):<br>　Kundenkonto an Warenverkaufskonto u. USt | 52,50 DM |

Dieser Geschäftsvorfall wird also später auf die drei — zweiseitig (foliiert) geführten — Konten des Hauptbuches übertragen. Die **Hauptbuchung** sieht dann so aus (das Umsatzsteuerkonto ist hier nicht gezeigt):

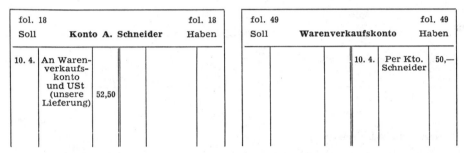

Auf den 3 Konten (5 % USt, Lebensmittel!) ergeben sich folgende Hauptbuchungen:

| Soll | A. Schneider | | Haben | | Soll | Warenverkauf | Haben |
|---|---|---|---|---|---|---|---|
| Warenverkauf und USt | | 52,50 | | | | A. Schneider | 50,— |
| | | 52,50 | | | Soll | Umsatzsteuer | Haben |
| | | | | | | A. Schneider | 2,50 |

## 13. Wie wird der Buchungssatz gebildet?

Die ganz kurz gefaßte Form der Grundbuchung, die wir eben vorgeführt haben, ist nichts anderes als das, was die Buchhalter den Buchungssatz oder **Kontenanruf**, d. h. den Merksatz für die Hauptbuchung, nennen. *Dieser Buchungssatz für irgendeinen Geschäftsvorfall wird gebildet, indem man das Konto, auf dem man links (im Soll) buchen muß, zuerst nennt, das Wörtchen „an" folgen läßt und dann das Konto nennt, auf dem man rechts (im Haben) zu buchen hat. Kurz: Sollkonto an Habenkonto*, wobei man der Kürze halber das Wort „Konto" weglassen kann.

**Beispiele**

1. Wareneinkauf bar 100,— DM + 10 % USt

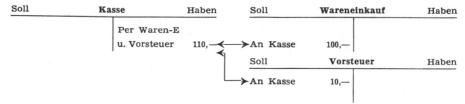

Buchungssatz: Wareneinkauf und Vorsteuer an Kasse

2. Warenverkauf auf Ziel 50,— DM + 10 % USt

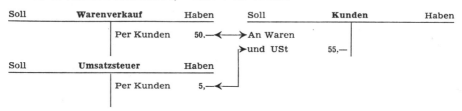

Buchungssatz: Kunden an Warenverkauf und Umsatzsteuer

3. Barzahlung für Löhne 20,— DM

Buchungssatz: Löhne an Kasse

4. Abschluß des Kontos Vorsteuer auf das Konto Umsatzsteuer 310,— DM

| Soll | Vorsteuer | Haben | Soll | Umsatzsteuer | Haben |
|---|---|---|---|---|---|
| (310,—) | Per USt | 310,— ←→ | An Vorsteuer | 310,— | (460,—) |
|  |  |  | (Zahlung an Finanzamt | 150,—) |  |

Buchungssatz: Umsatzsteuer an Vorsteuer

> **Übungsaufgaben**

1. Buchen Sie folgende Geschäftsvorfälle auf den in Betracht kommenden Konten, und bilden Sie dazu die Buchungssätze!

   a) Geschäftseröffnung mit einem Barkapital von     30 000,—
   b) Kauf von Einrichtungsgegenständen bar (einschl. 10 % USt)     550,—
   c) Einzahlung auf Bankkonto     3 000,—
   d) Kauf von Waren auf Ziel (einschl. 10 % USt)     6 600,—
   e) Verkauf von Waren bar (einschl. 10 % USt)     1 100,—

f) Barzahlung an Lieferanten                                    900,—
g) Barzahlung von Kunden                                      1 200,—
h) Zahlung von Miete bar                                        140,—
i) Zahlung von Gewerbesteuer durch Banküberweisung               80,—
j) Abhebung vom Bankkonto                                       350,—
k) Überweisung des Kunden auf unser Bankkonto                   800,—
l) Privatentnahme bar                                           500,—

2. Stellen Sie eine Liste der wichtigsten Buchungssätze auf
   a) für Einkäufe von Waren (bar, auf Ziel, gegen Wechsel, Bank- und Postschecküberweisung),
   b) für Verkäufe von Waren (desgl.),
   c) für Zahlungen an Lieferanten (bar, mit Wechsel, durch Bank- und Postschecküberweisung),
   d) für Zahlungen von Kunden (desgl.),
   e) für Einlösungen von Besitz- und Schuldwechseln (bar, durch Bank),
   f) für Zahlungen von Geschäftskosten (Lohn, Miete, Steuern, Heizung, Beleuchtung usw.: bar, durch Bank- und Postschecküberweisung),
   g) für Privatentnahmen (bar, in Waren, vom Bank- und Postscheckkonto).

## 14. Wie hängen die Konten der doppelten Buchführung zusammen?

Nachdem wir Schritt für Schritt die Grundbegriffe der Buchführung und ihre wichtigsten Konten kennengelernt haben, wird es uns nicht schwerfallen, das auf der nächsten Seite gezeigte zusammenfassende Schaubild über den *Kontenzusammenhang und Abschluß der doppelten Buchführung* zu verstehen. Die mit einem ⊙ bezeichnete Kontenseite ist die zahlenmäßig stärkere.

### Erläuterungen

❶ **Aktive Bestandskonten:**

Die Sollseite ist zahlenmäßig stärker.

Die im Haben entstehenden Salden kommen beim Abschluß auf die Aktivseite der Bilanz.

Außer Kunden- und Kassenkonto gehören hierzu noch: Bankguthaben, Postscheck, Besitzwechsel, Einrichtung, Grundstücke und Gebäude, Vorsteuer u. a.

Allgemeiner Abschluß-Buchungssatz:
  Bilanzkonto an Aktives Bestandskonto.

❷ **Passive Bestandskonten:**

Die Habenseite ist zahlenmäßig stärker.

Die im Soll entstehenden Salden kommen beim Abschluß auf die Passivseite der Bilanz.

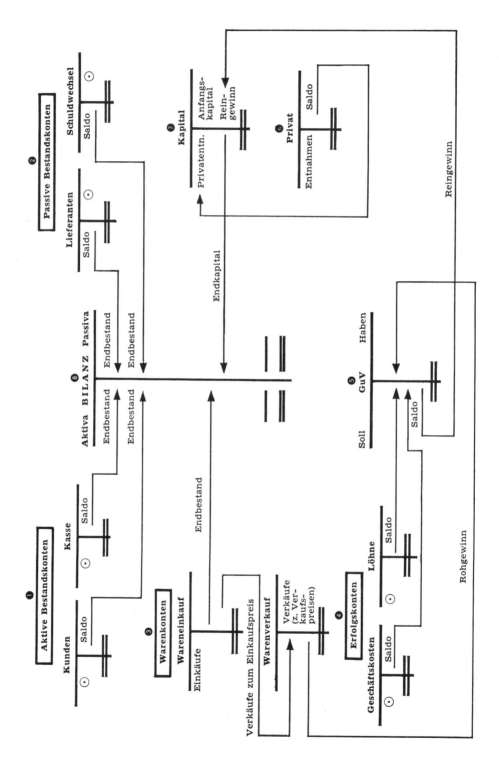

Außer Lieferanten- und Schuldwechselkonto gehören hierzu noch: Bankschulden, Hypotheken, Darlehen, Umsatzsteuer u. a.
Allgemeiner Abschluß-Buchungssatz:
  Passives Bestandskonto an Bilanzkonto.

❸ **Warenkonten:**
Der im Haben des Wareneinkaufskontos einzusetzende Warenendbestand kommt ins Soll der Bilanz.
Buchungssatz hierfür: Bilanz an Wareneinkauf.
Der dann noch im Haben des Wareneinkaufskontos entstehende Saldo (= Verkäufe zum Einkaufspreis) kommt ins Soll des Warenverkaufskontos.
Buchungssatz hierfür: Warenverkauf an Wareneinkauf.
Der sich nunmehr auf der Sollseite des Warenverkaufskontos ergebende Saldo (= Unterschied zwischen Ein- und Verkaufspreisen = Rohgewinn) kommt ins Haben des GuV-Kontos.
Buchungssatz hierfür:
  Warenverkauf an GuV.

❹ **Erfolgskonten:**
Bei den meisten dieser Konten ist die Sollseite zahlenmäßig stärker (= Verluste).
Ihre im Haben entstehenden Salden kommen auf die Sollseite des GuV-Kontos.
Allgemeiner Abschluß-Buchungssatz:
  GuV an Erfolgskonto.
Außer Geschäftskosten- und Lohnkonto gehören hierzu noch: Miete, Steuern, Heizung und Beleuchtung, Zinsen, Provisionen, Werbekosten u. a. Ist die Habenseite zahlenmäßig stärker (= Gewinne), so lautet der allgemeine Abschluß-Buchungssatz:
  Erfolgskonto an GuV.

❺ **GuV-Konto:**
Es ist das Sammel- und Abschlußkonto für alle Erfolgskonten. Der Unterschied zwischen der Habenseite (= Rohgewinn) und der Sollseite (= einzelne Geschäftskosten) stellt den Reingewinn dar. Er wird als Vermehrung des Kapitals auf die Habenseite des Kapitalkontos übertragen.
Buchungssatz:
  GuV an Kapital.
(Bei Verlust = Verminderung des Kapitals: Kapital an GuV)

❻ **Privatkonto:**
Obwohl es den Erfolgskonten gleichzustellen wäre, wird es — aus verschiedenen „Privat"gründen sowie steuerlichen Gesichtspunkten — direkt auf Kapitalkonto abgeschlossen. Die Sollseite ist meist stärker.
Der Abschluß-Buchungssatz lautet:
  Kapital an Privat.

❼ **Kapitalkonto:**

Der Abschluß-Buchungssatz für diese letzte doppelte Buchung eines Geschäftsganges lautet:

Kapital an Bilanzkonto.

❽ **Bilanzkonto:**

Es ist das Sammel- und Abschlußkonto für alle Bestandskonten.

Nachdem auch die Erfolgskonten auf GuV-Konto, dieses und das Privatkonto auf das Kapitalkonto abgeschlossen sind, müssen die beiden Seiten des Bilanzkontos zahlenmäßig völlig gleich sein, wodurch Richtigkeit und Systematik der doppelten Buchführung bewiesen ist.

### Übungsaufgabe

Zeichnen Sie dasselbe Schaubild noch einmal nach, und zwar diesmal mit Zahlen, so daß die in der Mitte stehende Bilanz schließlich auf beiden Seiten die gleichen Summen aufweist (die Umsatzsteuer ist zunächst nicht zu berücksichtigen!).

Geschäftsvorfälle:

1. Anfangskapital bar                             20 000,—
2. Wareneinkauf auf Ziel (netto)                  10 000,—
3. Wareneinkauf gegen Schuldwechsel (netto)        4 000,—
4. Warenverkauf auf Ziel (netto)                   8 000,—
5. Geschäftskosten bar (netto)                       300,—
6. Lohnzahlung bar                                   400,—
7. Privatentnahme bar                                200,—

Warenendbestand 7500,— DM.

(L ö s u n g : Endkapital 20 600,— DM. Bilanzsumme 34 600,— DM)

Berücksichtigen wir bei den Warenein- und -verkäufen und bei den Geschäftskosten nun noch 10 % Umsatzsteuer, erhöhen wir also die angegebenen Preise um diese Zuschläge, so erhalten wir folgende Lösung:

| Aktiva | | **Bilanz** | Passiva |
|---|---|---|---|
| Kasse | 19 070,— | Lieferanten | 11 000,— |
| Kunden | 8 800,— | Schuldwechsel | 4 400,— |
| Waren | 7 500,— | Umsatzsteuer | 800,— |
| Vorsteuer | 1 430,— | Kapital | 20 600,— |
| | 36 800,— | | 36 800,— |

Für den Anfang ist es empfehlenswert, sich beim Abschluß eines Geschäftsganges genau an die im Schaubild bezeichnete Reihenfolge ①—⑧ zu halten.

## 15. Welche Buchführungsformen gibt es?

### a) Allgemeines

Es gibt in der Praxis außerordentlich viele Arten, Formen, Methoden der Buchführung. Während uns die ganz anders geartete Buchhaltung der Behörden und öffentlichen Verwaltungen, die *Kameralistik*, hier nicht interessiert — auch die sogenannte *Logismographie* ist nur von untergeordneter Bedeutung —, wollen wir uns jetzt einen kurzen Überblick über die *kaufmännische Buchführung* und ihre wichtigsten Formen verschaffen. Sie ist ein wesentlicher Bestandteil des gesamten betrieblichen Rechnungswesens, wozu außerdem noch Kalkulation (Selbstkostenrechnung), Statistik und Planung (betriebliche Vorschaurechnung) gehören.

Wir unterscheiden:
1. einfache Buchführung,
2. doppelte Buchführung (Doppik).

Erstere verliert praktisch immer mehr an Bedeutung und spielt nur noch im Handwerksbetrieb eine gewisse Rolle. Sie ist eine *Buchführung für einfache Geschäftsverhältnisse*. Auch hier wird zwar meistens doppelt gebucht, aber es bestehen keine systematischen Zusammenhänge zwischen den einzelnen Büchern und Konten, die je nach Bedarf und Willkür in mehr oder weniger großer Zahl geführt werden. Sie liefert nur die Gesamtziffer des Erfolgs, gibt aber keinen Aufschluß über die einzelnen Quellen von Gewinn und Verlust.

Auch die einfache Buchführung entspricht jedoch den Anforderungen der gesetzlichen Buchführungspflicht.

### b) Formen der doppelten Buchführung

#### 1. Italienische Buchführung

Diese älteste Form der doppelten Buchführung kennt — in ihrer erweiterten Form — zwei Grundbücher: das Kassenbuch einerseits (für alle Bargeschäfte) und das Journal, Memorial oder Tagebuch andererseits (für alles übrige). Aus diesen Grundbüchern werden die Posten einzeln auf die entsprechenden Konten des Hauptbuches übertragen.

Je nach Umfang und Zweck erfolgen weitere Aufteilungen. So werden unter Umständen die Warenkonten zu einem besonderen Warenbuch sowie die Kunden- und Lieferantenkonten zu einem besonderen Kontokorrentbuch zusammengefaßt.

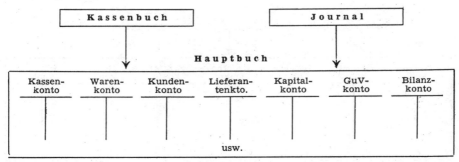

## 2. Deutsche Buchführung

Zwischen die beiden Grundbücher Kassen- und Tagebuch (Memorial) einerseits (eventuell kommen noch weitere Grundbücher in Frage) und das Hauptbuch mit seinen einzelnen Konten andererseits schiebt sich das Sammeljournal ein, in welchem zur Erleichterung der Übertragungsarbeit alle auf die gleichen Konten gehörenden Geschäftsvorfälle von Zeit zu Zeit gesammelt werden.

Das Sammeljournal hat etwa folgende Form:

```
I. Sammlung der Posten
   für die Sollseite der Konten
   1. Kassenkonto                              1 700,—
        an Kundenkonto          1 500,—
        an Wechselkonto           200,—
   2. Bankkonto                                  300,—
        an Kassenkonto            300,—
   usw.
II. Sammlung der Posten
    für die Habenseite der Konten
    1. an Kassenkonto                          1 000,—
         Lieferantenkonto         600,—
         Schuldwechselkonto       300,—
         Lohnkonto                100,—
    2. an Postscheckkonto                          50
         Kassenkonto               50,—
    usw.
```

Eventuell erfolgt vor dem summarischen Übertrag ins Hauptbuch noch eine Zusammenstellung in folgender Form:

| Soll | | Haben |
|---|---|---|
| 1 700,— | Kassenkonto | 1 000,— |
| —,— | Postscheckkonto | 50,— |
| 300,— | Bankkonto | —,— |
| | usw. | |

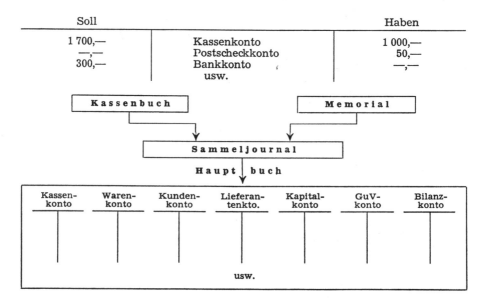

## 3. Französische Buchführung

Hier folgt eine noch weitere Aufteilung der Grundbücher. Es werden außer für Kasse und Memorial („livre de notes": für alle Restbuchungen bestimmt) z. B. noch angelegt: Wareneinkaufs-, Warenverkaufs-, Wechseleingangs- und Wechselausgangs-Journal.

Aus diesen Journalen wird meist auch erst in ein Haupt- oder Sammeljournal und von da aus schließlich ins Hauptbuch übertragen.

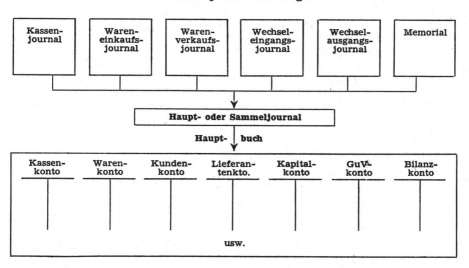

Vielfach werden in den Büchern Spalten für die am häufigsten in Betracht kommenden Gegenkonten eingerichtet, zum Beispiel:

Soll                                                                                       Kassenbuch                                                                                       Haben

| Datum | Folio | Text | Kasse Soll (Einnahmen) H | Kontokorrent-Konto H | Umsatzsteuer-Konto H | Waren-Konto H | Skonto und Diskont S | Datum | Folio | Text | Kasse Haben (Ausgaben) S | Kontokorrent-Konto S | Vorsteuer-Konto S | Waren-Konto S | Skonto und Diskont H |
|---|---|---|---|---|---|---|---|---|---|---|---|---|---|---|---|
| | | | | | | | | | | | | | | | |
| | | | | | | | | | | | | | | | |
| | | | | | | | | | | | | | | | |

## 4. Amerikanische Buchführung

Wir haben gesehen, daß bei den anderen Formen der Buchführung alle Geschäftsvorfälle zuerst in ein oder mehrere besondere Journale oder Tagebücher gebucht werden (Grundbuchungen!). Von da aus werden sie ins Soll und Haben der einzelnen Konten des Hauptbuches übertragen (Haupt-

### Amerikanisches Journal

| Geschäftsvorfälle Buchungssätze | Betrag | Kasse S | Kasse H | Forderungen S | Forderungen H | Verbindlichkeiten S | Verbindlichkeiten H |
|---|---|---|---|---|---|---|---|
| I. Eröffnungsbuchungen (Anfangsbestände) | 15 000 | 3 000 | | 4 000 | | | 5 000 |
| II. Geschäftsvorfälle: | | | | | | | |
| 1. Warenverkauf bar | 6 600 | 6 600 | | | | | |
| 2. Barzahlung an Lieferant | 2 000 | | 2 000 | | | 2 000 | |
| 3. Wareneinkauf a. Ziel | 2 750 | | | | | | 2 750 |
| 4. Barzahlung von Kunde | 1 500 | 1 500 | | | 1 500 | | |
| 5. Wareneinkauf bar | 5 500 | | 5 500 | | | | |
| 6. Warenverkauf a. Ziel | 3 850 | | | 3 850 | | | |
| 7. versch. Geschäftskosten bar | 1 100 | | 1 100 | | | | |
| 8. Privatentnahme bar | 500 | | 500 | | | | |
| III. Abschlußbuchungen: | | | | | | | |
| Warenendbestand (Bilanz an Waren) | 9 000 | | | | | | |
| Rohgewinn (Waren an GuV) | 3 000 | | | | | | |
| Bilanz an Kasse | 2 000 | | 2 000 | | | | |
| Bilanz an Forderungen | 6 350 | | | | 6 350 | | |
| Bilanz an Vorsteuer | 850 | | | | | | |
| Verbindl. an Bilanz | 5 750 | | | | | 5 750 | |
| Umsatzsteuer an Bilanz | 950 | | | | | | |
| GuV an Geschäftskosten | 1 000 | | | | | | |
| GuV an Kapital | 2 000 | | | | | | |
| Kapital an Privat | 500 | | | | | | |
| Kapital an Bilanz | 11 500 | | | | | | |
| | 81 700 | 11 100 | 11 100 | 7 850 | 7 850 | 7 750 | 7 750 |

buchungen!). Die amerikanische Buchführung will alle diese Buchungen in einem einzigen Buch, in dem „amerikanischen Journal" oder „Journalhauptbuch", zusammenfassen. Grund- und Hauptbuchungen werden zu gleicher Zeit und auf demselben Raum vorgenommen.

Wir geben oben ein schematisches und stark verkürztes Beispiel für die amerikanische Buchführung wieder, das uns zeigt, daß hier bei einer kleinen Zahl von Konten nicht nur alle laufenden Buchungen vorgenommen werden können, sondern daß sogar ein regelrechter Abschluß in einem solchen Journalhauptbuch möglich ist.

**(Journalhauptbuch)**

| Vorsteuer | | Umsatz-steuer | | Waren | | Geschäfts-kosten | | Privat | | Kapital | | GuV | | Bilanz | |
|---|---|---|---|---|---|---|---|---|---|---|---|---|---|---|---|
| S | H | S | H | S | H | S | H | S | H | S | H | S | H | S | H |
|  |  |  |  | 8 000 |  |  |  |  |  |  |  |  |  |  |  |
|  |  | 600 |  | 6 000 |  |  |  |  |  |  |  |  |  |  |  |
| 250 |  |  |  | 2 500 |  |  |  |  |  |  |  |  |  |  |  |
| 500 |  |  |  | 5 000 |  |  |  |  |  |  |  |  |  |  |  |
|  |  |  | 350 |  | 3 500 |  |  |  |  |  |  |  |  |  |  |
| 100 |  |  |  |  |  | 1 000 |  |  |  |  |  |  |  |  |  |
|  |  |  |  |  |  |  |  | 500 |  |  |  |  |  |  |  |
|  |  |  |  |  | 9 000 |  |  |  |  |  |  |  |  | 9 000 |  |
|  |  |  |  | 3 000 |  |  |  |  |  |  |  | 3 000 |  |  |  |
|  |  |  |  |  |  |  |  |  |  |  |  |  |  | 2 000 |  |
|  |  |  |  |  |  |  |  |  |  |  |  |  |  | 6 350 |  |
|  | 850 |  |  |  |  |  |  |  |  |  |  |  |  | 850 |  |
|  |  |  |  |  |  |  |  |  |  |  |  |  |  |  | 5 700 |
|  |  |  | 950 |  |  |  |  |  |  |  |  |  |  |  | 950 |
|  |  |  |  |  |  |  |  |  |  |  |  | 1 000 |  |  |  |
|  |  |  |  |  |  |  |  |  |  |  | 2 000 | 2 000 |  |  |  |
|  |  |  |  |  |  |  |  |  |  | 500 | 500 |  |  |  |  |
|  |  |  |  |  |  |  |  |  |  | 11 500 |  |  |  |  | 11 500 |
| 850 | 850 | 950 | 950 | 18 500 | 18 500 | 1 000 | 1 000 | 500 | 500 | 12 000 | 12 000 | 3 000 | 3 000 | 18 200 | 18 200 |

Die Spalte „Betrag" ist insofern gleichzeitig eine Kontrollspalte, als ihre Summe gleich sein muß den Summen sowohl der einzelnen Soll- als auch der Habenbuchungen.

Dem klar erkennbaren Vorteil der Übersichtlichkeit und guten Kontrolle sowie der auf den ersten Blick verblüffenden Einfachheit dieser Methode stehen aber auch mancherlei Nachteile gegenüber: So erfordern z. B. das Einhalten der Zeilen und das Übertragen der Summen auf die nächste Journalseite größte Aufmerksamkeit. Und vor allem: die vielen in der Praxis benötigten Konten lassen sich gar nicht alle unterbringen, wenn das Buch nicht so unhandlich breit werden soll, daß man — wie man scherzhaft bemerkt hat — mit dem Motorrad vom Soll ins Haben fahren muß.

Mit einem Journalhauptbuch allein kommt man also kaum aus. Es müssen noch andere Bücher und Nebenbücher geführt werden. In der Praxis wählt man häufig eine Verbindung zwischen der amerikanischen und der italienischen, deutschen oder französischen Form der Buchführung. Es können auch mehrere Journale nebeneinander eingerichtet werden. Kleinere und mittlere Betriebe kommen zwar mit e i n e m Journal aus, können dann aber darin nur die allerwichtigsten Konten n a m e n t l i c h führen (z. B. Kasse, Bank, Postscheck, Warenein- und -verkauf, Verbindlichkeiten, Forderungen, Vorsteuer, Umsatzsteuer, Privat); die übrigen Buchungen werden auf einem „Konto Verschiedene", die einzelnen Geschäftskosten auf einem „Konto der Kostenarten" s u m m a r i s c h erfaßt. Anlage- und Kapitalkonten sowie die Abschlußkonten „GuV" und „Bilanz" befinden sich auch nicht im Journal, sondern im Hauptbuch. Am Schlusse jedes Monats werden die Summen (Umsätze!) aller Journalkonten in das Hauptbuch übertragen, das a l l e Konten in T-Form enthält. Der Bücherabschluß am Jahresende geschieht dann ebenfalls nur in diesem Hauptbuch, so daß das „amerikanische Journal" in der Praxis meist doch nur ein „Journal" (mit Grundbuchungen), aber kein „Journalhauptbuch" mehr darstellt.

### 5. Durchschreibebuchführung

Es handelt sich hier nicht um eine den bisher genannten Buchführungsformen gleichgeartete Methode, sondern um eine Rationalisierung des Buchungsverfahrens. Es wird mit Hilfe einer besonderen Vorrichtung und von Kohlepapier auf untergelegte lose Blätter oder Karteikarten derart durchgeschrieben, daß außer der Buchung im Grundbuch (Journal) gleichzeitig die Buchung auf dem in Frage kommenden Hauptbuch- bzw. Kontokorrentkonto entsteht. Diese Durchschrift kann handschriftlich oder maschinell erfolgen.

Es gibt viele Durchschreibe-Systeme. Man unterscheidet Ein- und Zweizugverfahren, je nachdem, ob die Durchschrift gleich auf beide Konten im Soll bzw. Haben oder aber nacheinander erst auf dem Soll- und dann auf dem Haben-Konto geschieht. Die Durchschrift kann ferner so erfolgen, daß die Kontokarte direkt (Original!) beschriftet, auf das darunterliegende Journalblatt also durchgeschrieben wird, oder aber umgekehrt. Es gibt schließlich Ein-, Zwei-, Drei- und Vier-Spalten-Systeme; das Drei-Spalten-System ist in Kunden-, Lieferanten- und Sachkonten eingeteilt; bei der Gliederung des Journals in 4 Spalten handelt es sich um Kunden-, Lieferanten-, Bestands- und Erfolgskonten.

Welche Vorteile bietet eine solche Durchschreibebuchführung? Da keine Übertragungsarbeit aus einem Grundbuch ins Hauptbuch erforderlich ist, werden manche Fehlerquellen vermieden; es ist weniger Schreibarbeit nötig; die Buchungskontrolle ist leichter, und die Buchführung ist schneller abschlußbereit. Nachteilig wirkt sich manchmal nur die schlechte Lesbarkeit und Unsauberkeit der Durchschriften aus. Alles in allem dürfte die Durchschreibebuchführung jedoch die zur Zeit beste Buchführungsform sein, zumal ihre Bedienung jedem leicht möglich ist, der das System der doppelten Buchführung beherrscht.

## JOURNAL
Monat Juli 19

| Dat | Text | Lieferant | | Kunden | | Sachkonten | | Konto Nr. |
|-----|------|-----------|-----|--------|-----|------------|-----|-----------|
|     |      | Soll | Haben | Soll | Haben | Soll | Haben | |
|     |      |      |       |      |       |      |       | |
|     |      |      |       |      |       |      |       | |
|     |      |      |       |      |       |      |       | |
|     |      |      |       |      |       |      |       | |

Konto Nr. 1 482   Kunde A. Becker
Wiesbaden

| Dat | Text | | Soll | Haben | | |
|-----|------|--|------|-------|--|--|
| 3.7.| v. Lieferung | | 300,- | | | 1482 |
|     |      |  |      |       |  |  |

① Buchungsplatte (Stahlunterlage)
② Journalbogen
③ Durchschreibe-, Paus- Kopierpapier
④ Kontoblatt, Karteikarte
⑤ Festhalte-Vorrichtung

Zweiter Teil

# Wir üben an kurzen Geschäftsgängen und lernen immer mehr dazu

## Vorbemerkung

In unseren bisherigen Buchführungslektionen haben wir die Grundbegriffe der doppelten Buchführung sowie den Zusammenhang ihrer einzelnen Konten kennengelernt.

Wir sind also nun keine ganz „blutigen Anfänger" mehr, sondern zu weiterem Eindringen in die Geheimnisse der Buchführung gerüstet. In unseren folgenden Lektionen werden wir an Hand von k l e i n e r e n  G e s c h ä f t s g ä n g e n, die sich allmählich immer mehr erweitern, der vielseitigen Praxis stets näherkommen.

Diese Geschäftsgänge werden notwendigerweise schematisch sein, d. h., sie weisen nicht die vielen Einzelheiten und Wiederholungen der praktischen Buchungsarbeit auf, sondern enthalten meist nur e i n Beispiel für einen Geschäftsvorfall. In unserem Geschäftsjahr werden also immer nur verhältnismäßig wenige, vielfach summarisch zusammengefaßte Buchungen gemacht; in Wirklichkeit geht ja ein ganzes Jahr vorüber, ehe die Abschlußarbeiten vorgenommen werden können. Auch arbeiten wir hier nur mit runden Beträgen.

Wir beginnen mit einfachen und leichten Geschäftsvorfällen und gehen dann Schritt für Schritt weiter auf dem Wege zum bilanzsicheren Buchhalter. Für alle Geschäftsvorfälle, die zum ersten Male auftreten, werden die Buchungssätze (Kontenanrufe, Grundbuchungen) angegeben, nach denen auf den zu errichtenden (Hauptbuch-) Konten zu buchen ist. (Vgl. S o l l konto an H a b e n konto!)

Während der erste Geschäftsgang — als Muster für die weiteren Lösungen — ganz ausführlich und in allen Konten wiedergegeben wird, zeigen wir später nur immer die Schlußbilanz oder geben sogar nur Schlußbilanz- oder Endkapitalsummen an.

Weitere Übungsaufgaben am Schluß der Geschäftsgänge wird der Lernende sicher begrüßen.

# 1. Geschäftsgang Nr. 1

*Geschäftseröffnung mit Bareinlage, Kauf von Einrichtungsgegenständen, Einkauf und Verkauf von Waren bar und auf Ziel, Geschäftskosten und Privatentnahme bar*

| Lfde. Nr. | Geschäftsvorfälle | DM | Buchungssätze |
|---|---|---|---|
| ① | Kapitaleinlage, bar | 12 000,— | Kasse an Kapital |
| ② | Kauf von Einrichtungsgegenständen, bar<br>+ 10 % USt | 2 500,—<br>250,—<br>2 750,— | Einrichtung }<br>Vorsteuer }<br>an Kasse |
| ③ | Einkauf von Waren, bar:<br>4000 m zu 1,— DM<br>+ 10 % USt | 4 000,—<br>400,—<br>4 400,— | Wareneinkauf }<br>Vorsteuer }<br>an Kasse |
| ④ | Einkauf von Waren auf Ziel:<br>3000 m zu 1,— DM<br>+ 10 % USt | 3 000,—<br>300,—<br>3 300,— | Wareneinkauf<br>Vorsteuer<br>an Verbindlichkeiten (= Lieferanten) |
| ⑤ | Verkauf von Waren, bar:<br>3500 m zu 1,50 DM<br>+ 10 % USt | 5 250,—<br>525,—<br>5 775,— | { Warenverkauf<br>{ Umsatzsteuer<br>Kasse an |
| ⑥ | Verkauf von Waren auf Ziel:<br>2000 m zu 1,50 DM<br>+ 10 % USt | 3 000,—<br>300,—<br>3 300,— | { Warenverkauf<br>{ Umsatzsteuer<br>Forder. an (= Kunden) |
| ⑦ | Geschäftskosten (insgesamt), bar (darin 40,— DM USt) | 600,— | G'kosten 560,— }<br>Vorsteuer 40,— } an Kasse 600,— |
| ⑧ | Privatentnahmen, bar | 850,— | Privat an Kasse |

**Lösung:**

Berechnung des Warenbestandes (Inventur!):

    Einkäufe:    4000 m
                       3000 m  7000 m

./. Verkäufe:    3500 m
                       2000 m  5500 m

= Endbestand:                1500 m zu 1,— DM = 1500,— DM

Abschluß der Warenkonten:

(I.) Endbestand: Bilanz an Wareneinkauf (1500,— DM).

(II.) Einkaufspreise der verkauften Waren (= Saldo des Wareneinkaufskontos : 5500 m zu 1,— DM = 5500,— DM) : Warenverkauf an Wareneinkauf.

(III.) Rohgewinn aus Warenverkauf:
Warenverkauf an GuV (Gewinn je 1 m = 0,50 DM; bei 5500 m also = 2750,— DM).

**Buchung der Geschäftsvorfälle und Abschluß auf den Hauptbuchkonten**

| Kasse | | | | Einrichtung | | | |
|---|---|---|---|---|---|---|---|
| (1) An Kapital | 12000 | Per Einr. u. Vorst. | 2750 (2) | (2) An Kasse | 2500 | Per Bilanz | **2500** |
| (5) An Warenvkf. u. USt | 5775 | Per W-Einkf. u. Vorst. | 4400 (3) | | 2500 | | 2500 |
| | | Per G-Kosten u. Vorst. | 600 (7) | | | | |
| | | Per Privat | 850 (8) | | | | |
| | | Per Bilanz | 9175 | | | | |
| | 17775 | | 17775 | | | | |

| Wareneinkauf | | | | Warenverkauf | | | |
|---|---|---|---|---|---|---|---|
| (3) An Kasse | 4000 | Per Bilanz | 1500 (I) | (II) An Wareneinkf. | 5500 | Per Kasse | 5250 (5) |
| (4) An Verbdl. | 3000 | Per Warenverkf. | 5500 (II) | (III) An GuV | 2750 | Per Fordg. | 3000 (6) |
| | 7000 | | 7000 | | 8250 | | 8250 |

| Vorsteuer | | | | Umsatzsteuer | | | |
|---|---|---|---|---|---|---|---|
| (2) An Kasse | 250 | Per Bilanz | 990 | An Bilanz | 825 | **Per Kasse** | **525 (5)** |
| (3) An Kasse | 400 | | | | | **Per Fordg.** | **300 (6)** |
| (4) An Verbdl. | 300 | | | | 825 | | 825 |
| (7) An Kasse | 40 | | | | | | |
| | 990 | | 990 | | | | |

| Verbindlichkeiten | | | | Forderungen | | | |
|---|---|---|---|---|---|---|---|
| An Bilanz | 3300 | Per W-Einkf. u. Vorst. | 3300 (4) | (6) An Warenvkf. u. USt | 3300 | Per Bilanz | 3300 |
| | 3300 | | 3300 | | 3300 | | 3300 |

| Geschäftskosten | | | | Privat | | | |
|---|---|---|---|---|---|---|---|
| (7) An Kasse | 560 | Per GuV | 560 | (8) An Kasse | 850 | Per Kapital | 850 |
| | 560 | | 560 | | 850 | | 850 |

|  Gewinn und Verlust       |                    |        |       |  Kapital      |                |                |       |
|---------------------------|-------|------------|--------|-------|---------------|--------|-------|-------|
| An Geschäfts-kosten       | 560   | Per Waren-verkf. | 2750 (III) | An Privat | 850 | Per Kasse | 12000 (1) |
| An Kapital                | 2190  |            |        | An Bilanz | 13340 | Per GuV | 2190 |
|                           | 2750  |            | 2750   |           | 14190 |         | 14190 |

**Bilanzkonto**

| An Kasse | 9175,— | Per Verbindlichkeiten | 3300,— |
|---|---|---|---|
| An Einrichtung | 2500,— | Per Umsatzsteuer (Verbindl. an Finanzamt) | 825,— |
| An Forderungen | 3300,— | Per Kapital | 13340,— |
| An Vorsteuer (Fordg. an Finanzamt) | 990,— | | |
| An Waren(einkauf) (Bestand) | 1500,— | | |
| | 17 465,— | | 17 465,— |

## Übungsaufgaben

### I.

1. Geschäftseröffnung mit Barmitteln — 30 000,—
2. Kauf von Einrichtungsgegenständen, bar 3400,— + 10 % USt — 3 740,—
3. Einkauf von Waren auf Ziel: 4500 kg zu 0,80 DM netto
4. Verkauf von Waren, bar: 1600 kg zu 1,20 DM netto    } + 10 % USt
5. Verkauf von Waren auf Ziel: 1800 kg zu 1,20 DM netto
6. Geschäftskosten, bar (darin 50,— DM USt) — 700,—
7. Einkauf von Waren, bar: 2000 kg zu 0,80 DM netto + 10 % USt
8. Privatentnahme, bar — 500,—

**Lösung**

(Zur Übung sind hier die Konten Vorsteuer und Umsatzsteuer sowie die Bilanz angegeben.)

| Vorsteuer | | | | Umsatzsteuer | | | |
|---|---|---|---|---|---|---|---|
| Kasse | 340 | Bilanz | 910 | Bilanz | 408 | Kasse | 192 |
| Verbindlichkeit. | 360 | | | | | Forderungen | 216 |
| Kasse | 50 | | | | 408 | | 408 |
| Kasse | 160 | | | | | | |
| | 910 | | 910 | | | | |

| Aktiva | **Bilanz** | | Passiva |
|---|---|---|---|
| Kasse | 25 412,— | Verbindlichkeiten | 3 960,— |
| Einrichtung | 3 400,— | Umsatzsteuer | 408,— |
| Forderungen | 2 376,— | Kapital | 30 210,— |
| Vorsteuer | 910,— | | |
| Waren | 2 480,— | | |
| | 34 578,— | | 34 578,— |

## II.

1. Kapitaleinlage, bar — 24 000,—
2. Kauf von Waren, bar: 6700,— DM netto + 10 % USt — 7 370,—
3. Kauf von Einrichtungsgegenstand, bar: 1950,— DM netto + 10 % USt — 2 145,—
4. Verkauf von Waren auf Kredit (= auf Ziel): 4600,— DM + 10 % USt — 5 060,—
5. Kauf von Waren auf Kredit: 5900,— DM netto + 10 % USt — 6 490,—
6. Privatentnahme, bar — 480,—
7. Verkauf von Waren, bar: 3050,— DM netto + 10 % USt — 3 355,—
8. Geschäftskosten, bar (darin 60,— DM USt) — 720,—

Warenendbestand beim Abschluß: lt. Inventur: 6600,— DM

## Lösung

| Vorsteuer | | | | Umsatzsteuer | | | |
|---|---|---|---|---|---|---|---|
| Kasse | 670 | Bilanz | 1515 | Bilanz | 765 | Forderungen | 460 |
| Kasse | 195 | | | | | Kasse | 305 |
| Verbindlichkeit. | 590 | | | | 765 | | 765 |
| Kasse | 60 | | | | | | |
| | 1515 | | 1515 | | | | |

| Aktiva | **Bilanz** | | Passiva |
|---|---|---|---|
| Kasse | 16 640,— | Verbindlichkeiten | 6 490,— |
| Einrichtung | 1 950,— | Umsatzsteuer | 765,— |
| Forderungen | 5 060,— | Kapital | 24 510,— |
| Vorsteuer | 1 515,— | | |
| Waren | 6 600,— | | |
| | 31 765,— | | 31 765,— |

## 2. Geschäftsgang Nr. 2

*Neu: Bankkonto, Überweisung an Lieferant und von Kunde,
Lohn- und Gehaltszahlung, Privatentnahme in Waren*

Wir setzen unseren Geschäftsgang Nr. 1 fort, dessen Schlußbilanz nun zugleich unsere heutige Eröffnungsbilanz darstellt:

| Aktiva | | **Eröffnungsbilanz** | | Passiva |
|---|---|---|---|---|
| Kasse | 9 175,— | Verbindlichkeiten | | 3 300,— |
| Einrichtung | 2 500,— | Umsatzsteuer | | 825,— |
| Forderungen | 3 300,— | Kapital | | 13 340,— |
| Vorsteuer | 990,— | | | |
| Waren (Einkauf) | 1 500,— | | | |
| | 17 465,— | | | 17 465,— |

Die in dieser E-Bilanz stehenden Konten sind zunächst wieder zu eröffnen, d. h. die dort stehenden Beträge (Anfangsbestände, Saldenvorträge) werden auf die einzelnen Konten übertragen: auf Kassen-, Einrichtungs-, Forderungs-, Wareneinkaufs- und Vorsteuerkonto im S o l l, auf Verbindlichkeiten, Umsatzsteuer- und Kapitalkonto im H a b e n.

Im 2. Geschäftsjahr sind dann folgende Geschäftsvorfälle zu buchen, deren Buchungssätze wir diesmal noch alle angeben:

| Lfde. Nr. | Geschäftsvorfälle | DM | Buchungssätze |
|---|---|---|---|
| ❶ | Einzahlung auf Bankkonto, bar | 4000,— | Bank an Kasse |
| ❷ | Verkauf von Waren, bar: 700 m zu 1,50 DM netto + USt | 1155,— | Kasse an Warenverkauf und USt |
| ❸ | Einkauf von Waren, bar: 3200 m zu 1,— DM netto + USt | 3520,— | Wareneinkauf und Vorsteuer an Kasse |
| ❹ | Kunde überweist auf Bankkonto | 2250,— | Bank an Forderungen |
| ❺ | Zahlung von Lohn und Gehalt, bar | 540,— | Personalkosten an Kasse |
| ❻ | **Banküberweisung an Lieferant** | 3000,— | Verbindlichkeiten an Bank |
| ❼ | Verkauf von Waren auf Ziel: 2400 m zu 1,50 DM netto + USt | 3960,— | Forderungen an Warenverkauf und USt |
| ❽ | Privatentnahme, bar | 400,— | Privat an Kasse |
| ❾ | Einkauf von Waren auf Ziel: 800 m zu 1,— DM netto + USt | 880,— | Wareneinkauf und Vorsteuer an Verbindlichkeiten |
| ❿ | Geschäftskosten, bar (darin 20,— DM USt) | 330,— | Geschäftskosten und Vorsteuer an Kasse |
| ⓫ | Abhebung von der Bank, bar | 500,— | Kasse an Bank |
| ⓬ | Privatentnahme in Waren (Eigenverbrauch): 40 m zu 1,— DM + USt | 44,— | Privat an Wareneinkauf und USt |

**Lösung**

Ermittlung des Warenendbestandes:

| | | |
|---|---|---|
| Anfangsbestand: | | 1500 m |
| + Einkäufe: | 3200 m | |
| | 800 m | 4000 m |
| | | 5500 m |
| ./. { Verkäufe: | 700 m | |
| | 2400 m | |
| Privatentnahme: | 40 m | 3140 m |
| = Endbestand: | | 2360 m zu 1,— = 2360,— |

### Kasse

| | | | | | |
|---|---|---|---|---|---|
| E-Bilanz | 9175 | Bank | 4000 | (1) | |
| (2) Waren-V u. USt | 1155 | Waren-E u. Vorst. | 3520 | (3) | |
| (11) Bank | 500 | Personalk. | 540 | (5) | |
| | | Privat | 400 | (8) | |
| | | Geschäftsk. u. Vorst. | 330 | (10) | |
| | | S-Bilanz | 2040 | | |
| | 10830 | | 10830 | | |

### Kapital

| | | | |
|---|---|---|---|
| Privat | 444 | E-Bilanz | 13340 |
| S-Bilanz | 13596 | GuV | 700 |
| | 14040 | | 14040 |

### Vorsteuer

| | | | |
|---|---|---|---|
| E-Bilanz | 990 | S-Bilanz | 1410 |
| (3) Kasse | 320 | | |
| (9) Verbindl. | 80 | | |
| (10) Kasse | 20 | | |
| | 1410 | | 1410 |

### Umsatzsteuer

| | | | | |
|---|---|---|---|---|
| S-Bilanz | 1294 | E-Bilanz | 825 | |
| | | Kasse | 105 | (2) |
| | | Forderungen | 360 | (7) |
| | | Privat | 4 | (12) |
| | 1294 | | 1294 | |

### Einrichtung

| | | | |
|---|---|---|---|
| E-Bilanz | 2500 | S-Bilanz | 2500 |
| | 2500 | | 2500 |

### Wareneinkauf

| | | | | |
|---|---|---|---|---|
| E-Bilanz | 1500 | Privat | 40 | (12) |
| (3) Kasse | 3200 | S-Bilanz | 2360 | |
| (9) Verbindl. | 800 | Waren-V | 3100 | |
| | 5500 | | 5500 | |

### Warenverkauf

| | | | | |
|---|---|---|---|---|
| Waren-E | 3100 | Kasse | 1050 | (2) |
| GuV | 1550 | Forderungen | 3600 | (7) |
| | 4650 | | 4650 | |

### Bank

| | | | | |
|---|---|---|---|---|
| (1) Kasse | 4000 | Verbindl. | 3000 | (6) |
| (4) Forderungen | 2250 | Kasse | 500 | (11) |
| | | S-Bilanz | 2750 | |
| | 6250 | | 6250 | |

### Verbindlichkeiten

| | | | | |
|---|---|---|---|---|
| (6) Bank | 3000 | E-Bilanz | 3300 | |
| S-Bilanz | 1180 | Waren-E u. Vorst. | 880 | (9) |
| | 4180 | | 4180 | |

### Forderungen

| | | | | |
|---|---|---|---|---|
| E-Bilanz | 3300 | Bank | 2250 | (4) |
| (7) Waren-V u. USt | 3960 | S-Bilanz | 5010 | |
| | 7260 | | 7260 | |

|                    | Personalkosten  |           |           |            | Geschäftskosten |     |     |
|--------------------|-----|-----------|-----|------|-----|-----|
| (5) Kasse          | 540 | GuV       | 540 | (10) Kasse | 310 | GuV | 310 |
|                    | 540 |           | 540 |      | 310 |     | 310 |

|                    | Privat |        |     |           | Gewinn und Verlust |      |         |      |
|--------------------|-----|--------|-----|-------------|------|---------|------|
| (8) Kasse          | 400 | Kapital | 444 | Personalk. | 540  | Waren-V | 1550 |
| (12) Waren-E u. USt | 44  |        |     | Geschäftsk. | 310  |         |      |
|                    |     |        |     | Kapital    | 700  |         |      |
|                    | 444 |        | 444 |            | 1550 |         | 1550 |

| Aktiva | | Schlußbilanz | | Passiva |
|---|---|---|---|---|
| Kasse | 2 040,— | Verbindlichkeiten | | 1 180,— |
| Bank | 2 750,— | Umsatzsteuer | | 1 294,— |
| Forderungen | 5 010,— | Kapital | | 13 596,— |
| Vorsteuer | 1 410,— | | | |
| Waren (Einkauf) | 2 360,— | | | |
| Einrichtung | 2 500,— | | | |
| | 16 070,— | | | 16 070,— |

**Übungsaufgabe**

Konteneröffnung
(ebenfalls mit den Beträgen aus der E-Bilanz von Geschäftsgang Nr. 2)

| | | |
|---|---|---|
| 1. | Einzahlung auf Bankkonto, bar | 4 500,— |
| 2. | **Banküberweisung an Lieferant** | **2 000,—** |
| 3. | Einkauf von Waren, bar einschl. USt | 2 970,— |
| 4. | Verkauf von Waren, auf Ziel einschl. USt | 2 178,— |
| 5. | Banküberweisung von Kunden | 2 000,— |
| 6. | Privatentnahme in Waren einschl. USt | 77,— |
| 7. | Verkauf von Waren, bar einschl. USt | 3 740,— |
| 8. | Zahlung von Lohn und Gehalt, bar | 600,— |
| 9. | Zahlung von Geschäftskosten, bar (darin 30,— DM USt) | 400,— |
| 10. | Einkauf von Waren, auf Ziel einschl. USt | 1 375,— |
| 11. | Abhebung vom Bankkonto | 1 000,— |
| 12. | Privatentnahme, bar | 500,— |

Warenbestand beim Abschluß: 2 500,— DM.

**Lösung**

| Vorsteuer | | | | Umsatzsteuer | | | |
|---|---|---|---|---|---|---|---|
| E-Bilanz | 990 | S-Bilanz | 1415 | S-Bilanz | 1370 | E-Bilanz | 825 |
| Kasse | 270 | | | | | Forderungen | 198 |
| Kasse | 30 | | | | | Privat | 7 |
| Verbindlichkeit. | 125 | | | | | Kasse | 340 |
| | 1415 | | 1415 | | 1370 | | 1370 |

| Aktiva | | Schlußbilanz | Passiva |
|---|---|---|---|
| Kasse | 4 945,— | Verbindlichkeiten | 2 675,— |
| Bank | 3 500,— | Umsatzsteuer | 1 370,— |
| Forderungen | 3 478,— | Kapital | 14 293,— |
| Vorsteuer | 1 415,— | | |
| Waren | 2 500,— | | |
| Einrichtung | 2 500,— | | |
| | 18 338,— | | 18 338,— |

## 3. Abschreibungen

Unser nächster Geschäftsgang Nr. 3 enthält außer den in den Geschäftsgängen Nr. 1 und 2 vorkommenden Konten und Vorfällen zum ersten Male **Abschreibungen**, und zwar auf Gebäude und Einrichtungsgegenstände. Es ist daher erforderlich, daß wir uns vorher das Wesen und die Methoden der Abschreibung klarmachen.

Unter Abschreibungen (Amortisationen, Tilgungen, steuerlich = Absetzungen für Abnutzung = AfA) versteht man die Buchungen der durch Abnutzung der Sachwerte — Gebäude, Einrichtungsgegenstände, Maschinen, Werkzeuge, Fuhrpark u. a. — entstandenen Wertminderungen (Verluste). Die Höhe der Abschreibung richtet sich nach der Lebensdauer des Gegenstandes. Abgesehen von einschränkenden handels- und steuerrechtlichen Bestimmungen ist dem Unternehmer hierfür ein gewisser Spielraum gewährt. Er richtet sich gewöhnlich nach den in seinem Geschäftszweig üblichen und empfohlenen Abschreibungssätzen. Durch die Abschreibung sollen die Kosten der Anschaffung auf einen längeren Zeitraum verteilt werden, so daß schließlich — nach Erreichung des Nullwertes — der Gegenstand wieder neu angeschafft werden kann; die Abschreibung, die den Gewinn mindert, wirkt also gleichzeitig als „stille Rücklage".

### a) Abschreibungsmethoden

Die beiden wichtigsten Methoden der Berechnung des Abschreibungsbetrages sind:

1. Abschreibung vom Anschaffungswert,
2. Abschreibung vom Rest- oder Buchwert.

**Beispiel zu 1**

Anschaffungswert einer Maschine: 10 000,—. Nimmt man eine 10jährige Lebensdauer der Maschine an, so wird jährlich $1/10 = 10\%$ vom Anschaffungswert abgeschrieben, am Ende des ersten und aller folgenden Jahre also jedesmal 1000,—.

Abschreibung

  nach dem 1. Jahr: 10 % ($= 1/10$) von 10 000,— = 1 000,—
  nach dem 2. Jahr: 10 % ($= 1/10$) von 10 000,— = 1 000,—
  nach dem 3. Jahr: 10 % ($= 1/10$) von 10 000,— = 1 000,—
  nach dem 4. Jahr: 10 % ($= 1/10$) von 10 000,— = 1 000,—
  nach dem 5. Jahr: 10 % ($= 1/10$) von 10 000,— = 1 000,—
  nach dem 6. Jahr: 10 % ($= 1/10$) von 10 000,— = 1 000,—
  nach dem 7. Jahr: 10 % ($= 1/10$) von 10 000,— = 1 000,—
  nach dem 8. Jahr: 10 % ($= 1/10$) von 10 000,— = 1 000,—
  nach dem 9. Jahr: 10 % ($= 1/10$) von 10 000,— = 1 000,—
  nach dem 10. Jahr: 10 % ($= 1/10$) von 10 000,— = 1 000,—

  Summe der Abschreibungen nach 10 Jahren = 10 000,—

**Beispiel zu 2**

Bei Abschreibung vom Rest- oder Buchwert werden zwar am Ende des 1. Jahres auch $10\% = 1000$,— abgeschrieben, am Ende des 2. Jahres jedoch 10 % vom jetzigen Buchwert (9000,—), also 900,—, am Ende des 3. Jahres 10 % von 8100,— = 810,— usw., so daß also nach 10 Jahren der Nullwert bei weitem noch nicht erreicht ist; theoretisch ist er auf diese Weise überhaupt niemals zu erreichen.

Will man bei dieser letzteren Methode nach 10 Jahren ebenfalls auf den Nullwert kommen, so muß man die Prozentsätze der jährlichen Abschreibung vom Restwert entsprechend erhöhen:

Abschreibung

  nach dem 1. Jahr: 10 % ($= 1/10$) von 10 000,— = 1 000,—
  nach dem 2. Jahr: $11^{1}/_{9}$ % ($= 1/9$) von 9 000,— = 1 000,—
  nach dem 3. Jahr: $12^{1}/_{2}$ % ($= 1/8$) von 8 000,— = 1 000,—
  nach dem 4. Jahr: $14^{2}/_{7}$ % ($= 1/7$) von 7 000,— = 1 000,—
  nach dem 5. Jahr: $16^{2}/_{3}$ % ($= 1/6$) von 6 000,— = 1 000,—
  nach dem 6. Jahr: 20 % ($= 1/5$) von 5 000,— = 1 000,—
  nach dem 7. Jahr: 25 % ($= 1/4$) von 4 000,— = 1 000,—
  nach dem 8. Jahr: $33^{1}/_{3}$ % ($= 1/3$) von 3 000,— = 1 000,—
  nach dem 9. Jahr: 50 % ($= 1/2$) von 2 000,— = 1 000,—
  nach dem 10. Jahr: 100 % ($= 1/1$) von 1 000,— = 1 000,—

  Summe der Abschreibungen nach 10 Jahren = 10 000,—

### b) Buchungsmethoden

Die Buchung der Abschreibung kann **direkt** oder **indirekt** erfolgen.

**1. Direkte Abschreibung:** Abschreibung direkt über Anlagekonten.

**Beispiel**

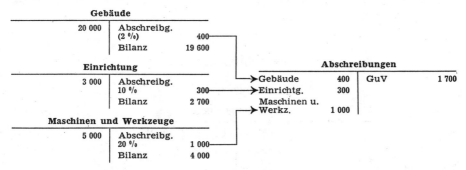

Buchungssätze: Abschreibungen an Gebäude,

Abschreibungen an Einrichtung,

Abschreibungen an Maschinen und Werkzeuge.

**2. Indirekte Abschreibung:** Abschreibung über ein Wertberichtigungskonto.

**Beispiel**

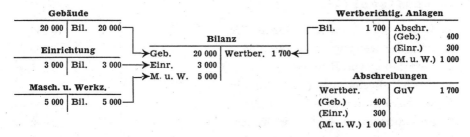

Buchungssätze: 1. Bilanz an Gebäude, Einricht., Masch. u. Werkz.,

2. Abschreibungen an Wertberichtigung Anlagen,

3. Wertberichtigung Anlagen an Bilanz.

Beide Methoden führen also zum gleichen Ziel. Wird die Abschreibung direkt über die Anlagekonten gebucht, so erscheinen diese mit entsprechend niedrigeren Beträgen in der Bilanz. Wird die Abschreibung indirekt vorgenommen, so kommt zum Ausgleich dafür, daß die 3 aktiven Bestandskonten der Bilanz um 1700,— zu hoch angesetzt sind, ein Wertberichtigungsposten auf die Habenseite der Bilanz. Diese indirekte Methode besitzt den Vorteil, daß dem Leser und Beurteiler einer Bilanz sowohl der Anschaffungswert (im Soll) als auch die Summe der bisherigen Abschreibungen (im Haben) zu Gesicht kommt, während ihm der bei der direkten Abschreibung eingesetzte Restwert der Anlagen nicht viel sagt.

*Über Art und Höhe der steuerlichen Abschreibung (= Absetzung für Abnutzung = AfA) gibt es zahlreiche Vorschriften. Da Sie jedoch in diesem Buch in erster Linie die Technik der Buchführung lernen sollen und um die Darstellung nicht zu komplizieren, bleiben diese steuerlichen Vorschriften im folgenden unberücksichtigt.*

## 4. Geschäftsgang Nr. 3

*Neu: Postscheckkonto, Abschreibungen*

| Aktiva | **Eröffnungsbilanz** | | Passiva |
|---|---|---|---|
| Kasse | 200,— | Verbindlichkeiten | 7 600,— |
| Bank | 1 400,— | Kapital | 40 000,— |
| Postscheck | 300,— | | |
| Forderungen | 5 600,— | | |
| Waren | 9 100,— | | |
| Einrichtung | 1 000,— | | |
| Gebäude | 30 000,— | | |
| | 47 600,— | | 47 600,— |

Geschäftsvorfälle

| | | |
|---|---|---|
| 1. | Warenverkauf auf Ziel einschl. USt | 4 730,— |
| 2. | Banküberweisung an Lieferanten | 1 200,— |
| 3. | Barzahlung von Kunden | 2 500,— |
| 4. | Geschäftskosten, bar (Postgebühren, ohne USt) | 140,— |
| 5. | Warenverkauf, bar einschl. USt | 4 290,— |
| 6. | Postscheküberweisung von Kunden | 2 000,— |
| 7. | Barzahlung von Lohn und Gehalt | 600,— |
| 8. | Privatentnahme, bar | 800,— |
| 9. | Privatentnahme in Waren einschl. USt | 110,— |
| 10. | Zahlung von Geschäftskosten durch Postscheck einschl. USt | 88,— |
| 11. | Wareneinkauf, bar einschl. USt | 2 310,— |
| 12. | Einzahlung auf Bankkonto | 2 400,— |

Abschlußangaben

1. Warenendbestand lt. Inventur  5 100,—
2. Abschreibungen: Gebäude 2 %, Einrichtung 10 % direkt.

Lösen Sie die Eröffnungsbilanz in Konten auf, verbuchen Sie sodann die obigen Geschäftsvorfälle, und schließen Sie unter Berücksichtigung der Abschlußangaben ab!

**Lösung** (wichtigste Konten)

| Wareneinkauf | | | | | Warenverkauf | | | |
|---|---|---|---|---|---|---|---|---|
| E-Bilanz | 9 100 | Privat | 100 | | Waren-E | 6 000 | Forderungen | 4 300 |
| Kasse | 2 100 | S-Bilanz | 5 100 | | GuV | 2 200 | Kasse | 3 900 |
| | | Waren-V | 6 000 | | | | | |
| | 11 200 | | 11 200 | | | 8 200 | | 8 200 |

| Vorsteuer | | | | | Umsatzsteuer | | | |
|---|---|---|---|---|---|---|---|---|
| Postscheck | 8 | S-Bilanz | 218 | | S-Bilanz | 830 | Forderungen | 430 |
| Kasse | 210 | | | | | | Kasse | 390 |
| | | | | | | | Privat | 10 |
| | 218 | | 218 | | | 830 | | 830 |

| Gewinn und Verlust | | | | | Kapital | | | |
|---|---|---|---|---|---|---|---|---|
| Geschäftskosten | 220 | Waren-V | 2 200 | | Privat | 910 | E-Bilanz | 40 000 |
| Personalkosten | 600 | | | | S-Bilanz | 39 770 | GuV | 680 |
| Abschreibg. | 700 | | | | | 40 680 | | 40 680 |
| Kapital | 680 | | | | | | | |
| | 2 200 | | 2 200 | | | | | |

| Aktiva | | **Schlußbilanz** | Passiva |
|---|---|---|---|
| Kasse | 740,— | Verbindlichkeiten | 6 400,— |
| Bank | 2 600,— | Umsatzsteuer | 830,— |
| Postscheck | 2 212,— | Kapital | 39 770,— |
| Forderungen | 5 830,— | | |
| Vorsteuer | 218,— | | |
| Waren | 5 100,— | | |
| Einrichtung | 900,— | | |
| Gebäude | 29 400,— | | |
| | 47 000,— | | 47 000,— |

Bei indirekter Abschreibung ändern sich folgende Posten:

| Soll: | | Haben: | |
|---|---|---|---|
| Gebäude | 30 000,— | Wertberichtigung Anlagen | |
| Einrichtung | 1 000,— | (insgesamt) | 700,— |

In der Praxis werden die Abschreibungen auf Gebäude (Immobilien) oft auch kontenmäßig von denen auf Einrichtungsgegenstände, Maschinen, Werkzeuge usw. (Mobilien) getrennt, so daß in unserem Falle bei indirekter Methode auf der Passivseite der Bilanz 2 Wertberichtigungskonten stünden.

**Übungsaufgabe**

Eröffnen Sie das nächste Geschäftsjahr mit den Zahlen der Schlußbilanz von Geschäftsgang Nr. 3, buchen Sie sodann folgende Geschäftsvorfälle, und schließen Sie unter Berücksichtigung der Abschlußangaben ab!

Geschäftsvorfälle

| | | |
|---|---|---:|
| 1. | Banküberweisung der Umsatzsteuer an Finanzamt | 612,— |
| 2. | Begleichung einer Lieferantenrechnung über | 2 000,— |
| | durch Postscheküberweisung | 1 800,— |
| | durch Barzahlung | 200,— |
| 3. | Kunde sendet beanstandete Ware zurück und erhält Gutschrift (einschl. 10 % USt) über | 110,— |
| | (Buchung: Waren-V u. USt an Forderungen) | |
| 4. | Warenverkauf bar (einschl. 10 % USt) | 4 620,— |
| 5. | Einkauf von Ware für brutto (einschl. 10 % USt) | 2 310,— |
| | Zahlung erfolgt sofort durch Banküberweisung. | |
| 6. | Barzahlung von Lohn und Gehalt | 530,— |
| 7. | Banküberweisung von Kunden | 3 000,— |
| 8. | Abhebung vom Postscheckkonto für Privatzwecke | 250,— |
| 9. | Warenverkauf auf Ziel einschl. USt | 1 870,— |
| 10. | Barzahlung von verschiedenen Geschäftskosten (einschl. 50,— DM USt) | 690,— |

Abschlußangaben

1. Warenbestand laut Inventur    3 800,—

2. Abschreibungen (direkt)
   a) Gebäude: 2½ % vom Buchwert,
   b) Einrichtung: 10 % vom Anschaffungswert (1 000,— DM).

**Lösung**

| Aktiva | | **Schlußbilanz** | Passiva |
|---|---:|---|---:|
| Kasse | 3 940,— | Verbindlichkeiten | 4 400,— |
| Bank | 2 678,— | Umsatzsteuer | 580,— |
| Postscheck | 162,— | Kapital | 39 915,— |
| Forderungen | 4 590,— | | |
| Vorsteuer | 260,— | | |
| Waren | 3 800,— | | |
| Einrichtung | 800,— | | |
| Gebäude | 28 665,— | | |
| | 44 895,— | | 44 895,— |

## 5. Skonti- und Bankzinsenbuchungen

In unserem folgenden Geschäftsgang Nr. 4 kommen u. a. zum ersten Male Skonti- und Zinsbuchungen vor, die wir deshalb erst kurz an Beispielen erläutern wollen.

### a) Skontibuchungen

**1. Skontoaufwand:** Kunde zahlt eine Rechnung über 550,— DM nach Abzug von 3 % Skonto mit 533,50 DM bar.

Unsere Forderung enthielt 50,— DM Umsatzsteuer. Da wir nun vom Kunden 16,50 DM weniger erhalten, ziehen wir davon wieder 10 % USt (auf Hundert = $1/11$) = 1,50 DM ab und verrechnen sie auf dem USt-Konto (Berichtigung im Soll!). Wir können natürlich auch auf dem Skontokonto nur den Nettobetrag (= 15,— DM) und die 1,50 DM USt gleich zu Lasten Umsatzsteuer buchen.

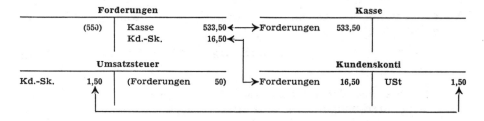

Buchungssätze: Kasse und Kundenskonti an Forderungen

Umsatzsteuer an Kundenskonti

oder (abgekürzt)

Kasse, Kundenskonti (15,—), USt (1,50) an Forderungen

**2. Skontoertrag:** Wir begleichen eine Lieferantenrechnung über 1100,— DM nach Abzug von 2 % Skonto mit 1078,— DM durch Banküberweisung.

Unsere Schuld enthielt 100,— DM Vorsteuer. Da wir nun an den Lieferanten 22,— DM weniger überweisen, müssen wir wieder 10 % (a. H. = $1/11$) = 2,— DM davon abziehen und verrechnen sie auf dem Vorsteuerkonto (Berichtigung im Haben!).

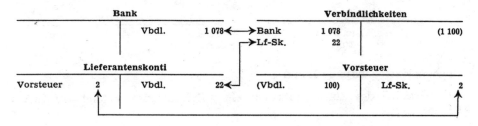

Buchungssätze: Verbindlichkeiten an Bank und Lieferantenskonti

Lieferantenskonti an Vorsteuer

oder (abgekürzt)

Verbindlichkeiten an Bank, Lieferantenskonti (20,—),
Vorsteuer (2,—)

In der Praxis wird also zweckmäßigerweise nicht nur ein Skonti-Konto geführt, sondern es werden zwei Konten eingerichtet:
1. für die vom Lieferanten gewährten Preisnachlässe ein Konto „Nachlässe" oder „Einkaufs-(Lieferanten-)Skonti";
2. für die an Kunden gewährten Preisnachlässe ein Konto „Erlösschmälerungen" oder „Verkaufs-(Kunden-)Skonti".

Die Skontikonten sind Erfolgskonten und können, außer direkt auf GuV-Konto, auch auf die Warenkonten abgeschlossen werden, und zwar

Lieferantenskonti (= Gewinn = Verminderung des Einkaufspreises): auf Wareneinkauf (Haben),

Kundenskonti (= Verlust = Verminderung des Verkaufspreises): auf Warenverkauf (Soll).

Beachten Sie, daß der Umsatz- bzw. Vorsteueranteil des Skontos immer durch Prozentrechnung auf Hundert errechnet wird: Gesamtskonto = Nettoskonto (100 %) + Steueranteil (10 %), also entsprechend der Errechnung des Warenpreises.

### b) Buchung von Bankzinsen

**1. Zinsertrag:** Die Bank schreibt uns 25,— DM Zinsen gut. (Unser Guthaben wird größer!)

Buchungssatz: Bank an Zinsen.

**2. Zinsaufwand:** Die Bank belastet uns mit 40,— DM Zinsen. (Unsere Schuld wird größer!)

Buchungssatz: Zinsen an Bank.

Der Abschluß des Zinsenkontos als eines Erfolgskontos erfolgt auf GuV-Konto.

## 6. Geschäftsgang Nr. 4

*Neu: Lieferanten- und Kundenskonti, Bankzinsen, verschiedene Erfolgskonten*

| Aktiva | | Eröffnungsbilanz | Passiva |
|---|---|---|---|
| Kasse | 430,— | Verbindlichkeiten | 5 300,— |
| Bank | 2 350,— | Kapital | 40 000,— |
| Postscheck | 560,— | | |
| Forderungen | 4 800,— | | |
| Waren | 11 300,— | | |
| Einrichtung | 860,— | | |
| Gebäude | 25 000,— | | |
| | 45 300,— | | 45 300,— |

Geschäftsvorfälle

1. Warenverkauf, bar, einschl. 375,— DM USt — 4 125,—
2. Wareneinkauf, auf Ziel, einschl. 400,— DM USt — 4 400,—
3. Kauf einer Schreibmaschine, bar, einschl. 54,— DM USt — 594,—
   (die Schreibmaschine kann sofort abgeschrieben werden, da nicht über 800,— DM)
4. Warenverkauf, auf Ziel, einschl. 450,— DM USt — 4 950,—
5. Kunde begleicht Rechnung über 3 300,— DM nach Abzug von 2½ % Skonto durch Postscheckübweisung
   (Berichtigung der USt um ¹/₁₁ von 82,50 DM = 7,50 DM)
6. Überweisung von Postscheck- auf Bankkonto — 2 500,—
   (Postscheckguthaben werden nicht verzinst!)
7. Barzahlung für Werbeprospekte, einschl. 10,— DM USt — 110,—
   (Erfolgskonto: Werbekosten)
8. Bezahlung einer Lieferantenrechnung über 3 850,— DM nach Abzug von 3 % Skonto durch Banküberweisung
   (Berichtigung der Vorsteuer um ¹/₁₁ von 115,50 DM = 10,50 DM)
9. Mieteinnahme auf Bankkonto — 400,—
   (Erfolgskonto: Hauserträge)
10. Überweisung von Gewerbesteuer durch Postscheck — 160,—
    (Erfolgskonto: Betriebssteuern)
11. Barzahlung für verschiedene Geschäftskosten (darin 60,— DM USt) — 720,—
12. Privatentnahme, bar — 500,—

Abschlußangaben

1. Warenendbestand — 9 500,—
2. Abschreibungen (direkt):
   a) Einrichtungsgegenstände: 15 %,
   b) Gebäude: 1½ %.

3. Gutschrift von Bankzinsen  20,—

4. Banküberweisung der USt nach Verrechnung der Vorsteuer.

**Lösung**

| Vorsteuer | | | | Umsatzsteuer | | | |
|---|---|---|---|---|---|---|---|
| Verbindl. | 400 | Lf-Sk. | 10.50 | Kd-Sk. | 7,50 | Kasse | 375 |
| Kasse | 54 | USt | 513,50 | Vorsteuer | 513,50 | Forderungen | 450 |
| Kasse | 10 | | | Bank | 304,— | | |
| Kasse | 60 | | | | | | |
| | 524 | | 524,— | | 825,— | | 825 |

| Gewinn und Verlust | | | | Schlußbilanz | | | |
|---|---|---|---|---|---|---|---|
| Kd-Skonti | 75 | Lf-Skonti | 105 | Kasse | 2 631,— | Verbindl. | 5 850 |
| Werbekosten | 100 | Hauserträge | 400 | Bank | 1 231,50 | Kapital | 40 436 |
| Betr.-Steuern | 160 | Zinsen | 20 | Postscheck | 1 117,50 | | |
| Gesch.-Kosten | 660 | Waren-V. | 2 450 | Forderungen | 6 450,— | | |
| Abschreibungen | 1 044 | | | Waren | 9 500,— | | |
| Kapital | 936 | | | Einrichtg. | 731,— | | |
| | | | | Gebäude | 24 625,— | | |
| | 2 975 | | 2 975 | | 46 286,— | | 46 286 |

**Übungsaufgabe**

Konteneröffnung mit den Zahlen der E-Bilanz von Geschäftsgang Nr. 4.

Geschäftsvorfälle

1. Banküberweisung einer Lieferantenrechnung über  2 750,—
   abzüglich 2 % Skonto (Vorsteuerberichtigung = 5,— DM!)
2. Warenverkauf, bar, einschl. 320,— DM USt  3 520,—
3. Unsere Mietzahlung durch Postscheckuberweisung  150,—
4. Privatentnahme in Waren einschl. 20,— DM USt  220,—
5. Kunde begleicht Rechnung über  1 650,—
   nach Abzug von 1 % Skonto durch Postscheckuberweisung
   (USt-Berichtigung = 1,50 DM!)
6. Lohn- und Gehaltszahlung bar  640,—
7. Wareneinkauf, bar, einschl. 200,— DM USt  2 200,—
8. Geschäftskosten, bar, einschl. 15,— DM USt  250,—
9. Privatentnahme bar  300,—
10. Warenverkauf auf Ziel, einschl. 190,— DM USt  2 090,—

Abschlußangaben

1. Warenendbestand: 9 989,— DM.
2. Abschreibungen (direkt): Einrichtung 10 %,  Gebäude 1 %.
3. Lastschrift von Bankzinsen: 15,— DM (Überziehung des Bankkontos!).

4. Postscheküberweisung der USt (nach Verrechnung der Vorsteuer) 318,50 DM.

(L ö s u n g : Reingewinn 648,— DM, Endkapital 40 128,— DM. Bilanzsumme 43 038,— DM.)

## 7. Wechselbuchungen

Das Wechselrecht unterscheidet zwischen dem auf einen Dritten „gezogenen Wechsel" (Tratte) als einer Zahlungsaufforderung und dem „eigenen" oder „Sola-Wechsel" als einem Zahlungsversprechen des Ausstellers. Gibt uns ein Kunde einen Sola- oder gezogenen Wechsel in Zahlung, so handelt es sich für unsere Buchführung um den Eingang einer Wechselforderung, und wir buchen auf Konto „Besitzwechsel". Hat andererseits der Lieferant auf uns einen Wechsel gezogen, den wir durch Unterschrift „akzeptiert" haben, oder erhält er von uns einen Solawechsel, so handelt es sich für unsere Buchführung um einen „Schuldwechsel" bzw. um ein „Akzept", und es wird auf Konto „Schuldwechsel" gebucht. Das (Besitz-) Wechselkonto ist also in unserer Buchführung stets ein aktives Bestandskonto (Guthaben), das Schuldwechsel- oder Akzeptkonto dagegen ein passives Bestandskonto (Schuld). Sehen wir uns nun die wichtigsten Wechselbuchungen genauer an:

### a) Besitzwechsel

1. Ein Kunde sendet zum (vorläufigen!) Ausgleich unserer Forderung einen Wechsel über 1000,— DM, fällig drei Monate später.

| Forderungen | | Besitzwechsel | |
|---|---|---|---|
| (S. Schuld 1 000) | Bes.-Wechsel 1 000 ⟶ | Forderungen 1 000 | |

Buchungssatz: Besitzwechsel an Forderungen.

Gibt der Kunde sofort bei seinem Einkauf einen Wechsel in Zahlung, so ist auch die direkte Buchung möglich: Besitzwechsel an Warenverkauf und USt.

2. Was können wir mit diesem Wechsel anfangen?

a) Bis zum Verfalltag aufheben und dann bar einlösen:

| Besitzwechsel | | Kasse | |
|---|---|---|---|
| (Forderung 1 000) | Kasse 1 000 ⟶ | Bes.-Wechsel 1 000 | |

Buchungssatz: Kasse an Besitzwechsel.

Geschieht die Einlösung des fälligen Wechsels durch die Bank, die uns den Wechselbetrag dann gutschreibt, so heißt der Buchungssatz: Bank an Besitzwechsel.

b) Zur Bezahlung einer Schuld an den Lieferanten weitergeben:

| Besitzwechsel | | Verbindlichkeiten | |
|---|---|---|---|
| (Forderung 1 000) | Verbindl. 1 000 ⟶ | Bes.-Wechsel 1 000 | (U. Schuld 1 000) |

Buchungssatz: Verbindlichkeiten an Besitzwechsel.

c) Vor Verfall bei der Bank diskontieren = zu Geld machen lassen, der Bank verkaufen. Dann werden wir uns einen Abzug von Diskont (= Zinsen für die Zeit vom Diskontierungs- bis zum Verfalltag) und Spesen — z. B. insgesamt 10,— DM — gefallen lassen müssen:

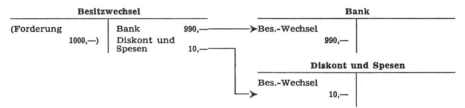

Buchungssätze: Bank an Besitzwechsel,

Diskont und Spesen an Besitzwechsel.

Lassen wir uns den diskontierten Betrag (Barwert) von 990,— DM sofort bar auszahlen, dann buchen wir: Kasse (statt Bank) an Besitzwechsel und Diskont an Besitzwechsel.

3. Wird der Wechsel am Verfalltag vom Bezogenen nicht eingelöst, d. h. geht der Wechsel zu Protest, so geben wir ihn an den Kunden zurück und belasten diesen außerdem mit den uns entstandenen und wechselrechtlich zustehenden Kosten (6 %/o Verzugszinsen, 1/3 %/o Provision, Protestkosten und sonstigen Auslagen), z. B. insgesamt 8,— DM, zuzüglich Umsatzsteuer auf diese Kosten. Im Verkehr mit *Banken* fällt keine Umsatzsteuer an. Den *Kunden* berechnete Zinsen, Nebenkosten usw. müssen jedoch versteuert werden, da sie das ursprüngliche Entgelt (= Bemessungsgrundlage der Umsatzsteuer) erhöhen.

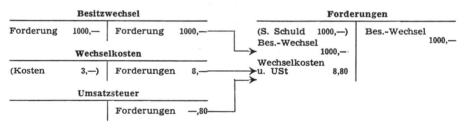

Buchungssätze: Forderungen an Besitzwechsel,

Forderungen an Wechselkosten und USt.

Das Konto für die Wechselkosten, das im Soll unsere tatsächlichen Auslagen aufnimmt (Wechselkosten an Kasse), ist ein Erfolgskonto und wird auf GuV-Konto abgeschlossen.

### b) Schuldwechsel

1. Der Lieferant zieht einen Wechsel über 2000,— DM auf uns, den wir akzeptiert, d. h. versehen mit unserer quergeschriebenen Annahmeunterschrift, an ihn zurücksenden.

| Schuldwechsel | | Verbindlichkeiten | |
|---|---|---|---|
| Verbindlichk. 2000,— | → Schuldwechsel 2000,— | (Schuld | 2000,—) |

Buchungssatz: Verbindlichkeiten an Schuldwechsel.

Geben wir beim Einkauf sofort unser Akzept, so ist auch die Buchung möglich: Wareneinkauf und Vorsteuer an Schuldwechsel.

2. Wir lösen dieses Akzept am Verfalltag bar ein.

| Kasse | | Schuldwechsel | |
|---|---|---|---|
| Schuldwechsel 2000,— | → Kasse 2000,— | (Verbindlichk. | 2000,—) |

Buchungssatz: Schuldwechsel an Kasse.

Geschieht diese Einlösung durch unsere Bank, so lautet die Buchung: Schuldwechsel an Bank. (Die Bank belastet uns außerdem evtl. mit den Kosten der Einlösung.)

## 8. Geschäftsgang Nr. 5

*Neu: Wechselbuchungen*

| Aktiva | Eröffnungsbilanz | | Passiva |
|---|---|---|---|
| Kasse | 300,— | Verbindlichkeiten | 15 000,— |
| Bank | 5 700,— | Kapital | 75 000,— |
| Postscheck | 1 200,— | | |
| Forderungen | 12 800,— | | |
| Waren | 25 000,— | | |
| Einrichtung | 5 000,— | | |
| Gebäude | 40 000,— | | |
| | 90 000,— | | 90 000,— |

Geschäftsvorfälle

1. Wareneinkauf auf Ziel einschl. 450,— DM USt — 4950,—
2. Lieferant zieht 2 Wechsel über je 2475,— DM auf uns, die wir akzeptiert zurückschicken — 4950,—
3. Warenverkauf bar einschl. 620,— DM USt — 6 820,—
4. Bezahlung einer Lieferantenrechnung über — 3 850,—
   abzüglich 2 % Skonto — 77,—
   durch Banküberweisung mit — 3773,—
   (dazu: Lf-Sk. an Vorsteuer 7,— DM)
5. Warenverkauf auf Ziel einschl. 600,— DM USt — 6600,—
6. Wir ziehen 4 Wechsel über je 1650,— DM auf unseren Kunden, die wir akzeptiert zurückerhalten — 6600,—
7. Privatentnahme in Waren einschl. 10,— DM USt — 110,—

8. Weitergabe eines Wechsels an Lieferanten 1650,—
9. Verschiedene Geschäftskosten bar (darin 150,— DM USt) 1700,—
10. Kunde bezahlt eine Rechnung über 5280,—
    abzüglich 2½ % Skonto 132,—
    durch Überweisung auf Postscheckkonto mit 5148,—
    (dazu: USt an Kd.-Sk. 12,— DM)
11. Einlösung eines fälligen Besitzwechsels durch die Bank 1650,—
12. Privatentnahme bar 2000,—
13. Diskontierung eines Wechsels über 1650,—
    abzüglich Diskont und Spesen 20,—
    zur Gutschrift auf Bankkonto 1630,—
14. Einlösung eines fälligen Schuldwechsels bar 2475,—

Abschlußangaben

1. Abschreibungen (indirekt): Gebäude 1 %, Einrichtung 10 %.
2. Gutschrift von Bankzinsen 25,— DM.
3. Warenendbestand 24 605,— DM.

**Lösung** (wichtigste Konten)

| Besitzwechsel | | | | Schuldwechsel | | | |
|---|---|---|---|---|---|---|---|
| Forderungen | 6 600 | Verbindl. | 1 650 | Kasse | 2 475 | Verbindl. | 4 950 |
| | | Bank | 1 650 | S-Bilanz | 2 475 | | |
| | | Bank | 1 630 | | 4 950 | | 4 950 |
| | | Diskont | 20 | | | | |
| | | S-Bilanz | 1 650 | | | | |
| | 6 600 | | 6 600 | | | | |

| Gewinn und Verlust | | | | Schlußbilanz | | | |
|---|---|---|---|---|---|---|---|
| Abschr. (Geb.) | 400 | L.-Skonti | 70 | Kasse | 945 | Verbindl. | 9 500 |
| Abschr. (Einr.) | 500 | Bankzinsen | 25 | Bank | 5 232 | S-Wechsel | 2 475 |
| Kd.-Skonti | 120 | Warenverkauf | 7 405 | Postscheck | 6 348 | Umsatzsteuer | 1 218 |
| Geschäftskosten | 1 550 | | | Besitzwechsel | 1 650 | Wertbericht. | 900 |
| Disk. u. Spesen | 20 | | | Forderungen | 7 520 | Kapital | 77 800 |
| Kapital | 4 910 | | | Vorsteuer | 593 | | |
| | | | | Waren | 24 605 | | |
| | | | | Einrichtung | 5 000 | | |
| | | | | Gebäude | 40 000 | | |
| | 7 500 | | 7 500 | | 91 893 | | 91 893 |

**Übungsaufgabe**

Eröffnen Sie das nächste Geschäftsjahr mit den Zahlen der Schlußbilanz von Geschäftsgang Nr. 5, buchen Sie sodann folgende Geschäftsvorgänge, und schließen Sie unter Berücksichtigung der Abschlußangaben ab!

Geschäftsvorfälle

1. Postschecküberweisung der Umsatzsteuer 625,—
2. Warenverkauf auf Ziel, einschl. 10 % USt 5 720,—
3. Kunde sendet zum teilweisen Ausgleich Wechsel über insges. 4 000,—
4. Einlösung eines Besitzwechsels bar 1 650,—
5. Privatentnahme vom Postscheckkonto 1 200,—
6. Wechseldiskontierung 3 000,—
  abzüglich Diskont und Spesen 40,—
  Wir erhalten bar 2 960,—
7. Zahlung von Lohn und Gehalt bar 1 850,—
8. Einlösung eines fälligen Schuldwechsels durch Bank 2 475,—
9. Wareneinkauf auf Ziel, einschl. 10 % USt 2 640,—
10. Bezahlung dieses Einkaufs:
  durch Akzeptierung eines auf uns gezogenen Schuldwechsels 2 000,—
  Rest bar 640,—
11. Bezahlung von Geschäftskosten durch Bankscheck
  einschl. 50,— DM USt 820,—
12. Bezahlung einer Lieferantenrechnung über 3 575,—
  abzüglich 2 % Skonto 71,50
  durch Postschecküberweisung mit 3 503,50
  (Vorsteuerberichtigung = 6,50 DM)
13. Kunde begleicht eine Rechnung über 4 950,—
  abzügl. 1 % Skonto 49,50
  durch Banküberweisung mit 4 900,50
  (USt-Berichtigung = 4,50 DM)

Abschlußangaben

1. Abschreibungen (indirekt): Gebäude 1 %, Einrichtung 10 %.
2. Gutschrift von Bankzinsen 30,— DM.
3. Warenendbestand 24 910,—.

## Lösung

| Aktiva | | Schlußbilanz | Passiva |
|---|---|---|---|
| Kasse | 3 065,— | Verbindlichkeiten | 5 925,— |
| Bank | 6 867,50 | Schuldwechsel | 2 000,— |
| Postscheck | 1 019,50 | Umsatzsteuer | 515,50 |
| Besitzwechsel | 1 000,— | Wertberichtigung Anlagen | 1 800,— |
| Forderungen | 4 290,— | Kapital | 76 195,— |
| Vorsteuer | 283,50 | | |
| Waren | 24 910,— | | |
| Einrichtung | 5 000,— | | |
| Gebäude | 40 000,— | | |
| | 86 435,50 | | 86 435,50 |

## 9. Geschäftsgang Nr. 6

*Zusammenfassende Wiederholung*

In diesem Geschäftsgang wollen wir das bisher Gelernte wiederholen, um festzustellen, ob auch alles richtig „sitzt". Daß das Bankkonto diesmal auf der Passivseite der E-Bilanz steht, daß ein neues Bestandskonto „Lieferwagen" eingeführt wird oder daß als weitere neue Erfolgskonten „Reisespesen" und „Büromaterial" auftreten — das kann uns „Fortgeschrittene" nicht mehr irremachen.

| Aktiva | | Eröffnungsbilanz | Passiva |
|---|---|---|---|
| Kasse | 2 500,— | Verbindlichkeiten | 18 000,— |
| Postscheck | 4 500,— | Bank | 2 000,— |
| Besitzwechsel | 8 000,— | Schuldwechsel | 5 000,— |
| Forderungen | 15 000,— | Kapital | 75 000,— |
| Waren | 35 000,— | | |
| Büro- und Ladeneinrichtung | 2 000,— | | |
| Lieferwagen | 3 000,— | | |
| Gebäude | 30 000,— | | |
| | 100 000,— | | 100 000,— |

Geschäftsvorfälle

1. Weitergabe eines Wechsels an Lieferanten — 3 200,—
2. Auslagen für eine Geschäftsreise, bar (darin 10,— DM USt) — 140,—
3. Warenverkauf, bar, einschl. 1 650,— DM USt — 18 150,—
4. Mieteinnahme auf Postscheckkonto — 300,—
5. Einzahlung auf Bankkonto — 5 000,—
6. Ein Besitzwechsel über 1 500 DM wird am Verfalltag nicht eingelöst
   a) Unsere Auslagen für Protestkosten, bar — 2,—
   b) Wir senden den Wechsel an unseren Kunden zurück — 1 500,—
      u. belasten ihn außerdem mit Kosten, Provision u. Zinsen — 10,—
      sowie mit USt für 10,— DM — 1,—
7. Wareneinkauf, bar, einschl. 600,— DM USt — 6 600,—
8. Bezugsspesen für diesen Einkauf (Konto Warenbezugskosten) durch Bankscheck bezahlt, einschl. 20,— DM USt — 220,—
9. Kunde begleicht unsere Wechselrückrechnung durch Postscheküberweisung — 1 511,—

10. Privatentnahmen:
    a) bar                                                              600,—
    b) in Waren, einschl. 5,— DM USt                                     55,—
    c) durch Abhebung vom Postscheckkonto                               350,—
11. Postschecküberweisung an Finanzamt für Gewerbesteuer                540,—
12. Bezahlung einer Lieferantenrechnung über          4 400,—
    nach Abzug von 3 % Skonto                           132,—
    durch Banküberweisung mit                                         4 268,—
    (Berichtigung der Vorsteuer: Lf.-Sk. an Vorsteuer 12,— DM)
13. Lohn- und Gehaltszahlung, bar                                     1 250,—
14. Warenverkauf auf Ziel, einschl. 1 435,— USt                      15 785,—
15. Einkauf von Büromaterial einschl. 26,— DM USt,
    Bezahlung durch Postschecküberweisung                               286,—
16. Einlösung eines fälligen Schuldwechsels durch die Bank           3 000,—
17. Kunde begleicht eine Rechnung über                8 800,—
    abzüglich 2½ % Skonto                               220,—
    durch Banküberweisung mit                                         8 580,—
    (Berichtigung der USt: USt an Kd.-Sk. 20,— DM)
18. Diskontierung eines Wechsels über                 1 000,—
    abzüglich Diskont                                    10,—
    Wir erhalten bar                                                    990,—
19. Werbekosten (Zeitungsanzeige) bar, einschl. 8,— DM USt               88,—
20. Verschiedene sonst. Geschäftskosten, bar, einschl. 5,— DM USt      130,—

Abschlußangaben

1. Die Bank belastet uns mit Zinsen und Spesen 45,— DM.

2. Abschreibungen (direkt): Gebäude 1 %, Büro und Ladeneinrichtung 10 %, Lieferwagen 20 %.

3. Warenendbestand: 15 722,— DM.

## Lösung

| Vorsteuer | | | | Umsatzsteuer | | | |
|---|---|---|---|---|---|---|---|
| Kasse | 10 | Lf.-Sk. | 12 | Kd.-Sk. | 20 | Kasse | 1 650 |
| Kasse | 600 | S-Bilanz | 657 | S-Bilanz | 3 071 | Forderungen | 1 |
| Bank | 20 | | | | | Privat | 5 |
| Postscheck | 26 | | | | | Forderungen | 1 435 |
| Kasse | 8 | | | | 3 091 | | 3 091 |
| Kasse | 5 | | | | | | |
| | 669 | | 669 | | | | |

| Soll | Gewinn- und Verlustkonto | | Haben |
|---|---|---|---|
| Reisespesen | 130,— | Warenverkauf | 5 622,— |
| Warenbezugskosten | 200,— | Hausertrag | 300,— |
| Gewerbesteuer | 540,— | Liefer-Skonti | 120,— |
| Löhne und Gehälter | 1 250,— | Wechselkosten | 8,— |
| Büromaterial | 260,— | | |
| Kundenskonti | 200,— | | |
| Diskont | 10,— | | |
| Werbekosten | 80,— | | |
| Geschäftskosten | 125,— | | |
| Bankzinsen | 45,— | | |
| Abschreibungen | 1 100,— | | |
| Kapital | 2 110,— | | |
| | 6 050,— | | 6 050,— |

| Aktiva | Schlußbilanz | | Passiva |
|---|---|---|---|
| Kasse | 7 830,— | Verbindlichkeiten | 10 400,— |
| Postscheck | 5 135,— | Schuldwechsel | 2 000,— |
| Bank | 4 047,— | Umsatzsteuer | 3 071,— |
| Besitzwechsel | 2 300,— | Kapital | 76 105,— |
| Forderungen | 21 985,— | | |
| Vorsteuer | 657,— | | |
| Waren | 15 722,— | | |
| Büro- und Ladeneinrichtung | 1 800,— | | |
| Lieferwagen | 2 400,— | | |
| Gebäude | 29 700,— | | |
| | 91 576,— | | 91 576,— |

**Übungsaufgabe**

Eröffnen Sie das nächste Geschäftsjahr mit den Zahlen der Schlußbilanz von Geschäftsgang Nr. 6, buchen Sie dann folgende Geschäftsvorfälle, und schließen Sie unter Berücksichtigung der Abschlußangaben ab! (Ab dieser Übungsaufgabe machen wir nicht mehr auf die bei Skontobuchungen erforderlichen Berichtigungen von Vor- bzw. Umsatzsteuer aufmerksam!)

Geschäftsvorfälle

1. Barzahlung der Umsatzsteuer an Finanzamt     2414,—
2. Wareneinkauf auf Ziel einschl. 340,— DM USt     3740,—
3. Postschecküberweisung an Lieferant     2750,—
   ./. 3 % Skonto     82,50
       2667,50
4. Warenverkauf gegen Besitzwechsel einschl. 415,— DM USt     4565,—
5. Lohnzahlung bar     760,—

| | |
|---|---:|
| 6. Akzeptierung eines Liefererwechsels | 5000,— |
| 7. Einlösung eines Besitzwechsels durch Bank | 2300,— |
| 8. Warenverkauf bar einschl. 394,— DM USt | 4334,— |
| 9. Kunde überweist auf Postscheckkonto | 7150,— |
| ./. 2 % Skonto | 143,— |
| | 7007,— |
| 10. Privatentnahme von Bankkonto | 1500,— |
| 11. Wechseldiskontierung | 4565,— |
| ./. Diskont und Spesen | 50,— |
| Gutschrift auf Bankkonto | 4515,— |
| 12. Einlösung eines Schuldwechsels bar | 2000,— |
| 13. Verschiedene Geschäftskosten, bar einschl. 80,— DM USt | 1280,— |

Abschlußangaben

1. Gutschrift von Bankzinsen 25,— DM.
2. Warenendbestand 15 432,— DM.
3. Abschreibungen (direkt):
   a) Gebäude: 1 % von 30 000,— DM.
   b) Büro- und Ladeneinrichtung: 10 % von 2000,— DM.
   c) Lieferwagen: 20 % von 3000,— DM.

(Lösung: Reingewinn: 1260,— DM, Endkapital 75 865,— DM, Bilanzsumme 88 051,— DM.)

## 10. Kassendifferenzen, Portokasse, Stornobuchungen

### a) Kassendifferenzen

Jetzt wollen wir uns mit einigen besonderen Buchungsfällen befassen, vor allem mit solchen, die das Kassenkonto betreffen.

So wie ja überhaupt im Wirtschaftsleben der Praxis der Vorrang gegenüber der Theorie gebührt, so rangieren auch in der Buchführung die Istwerte vor den Sollwerten, die tatsächlichen Inventurergebnisse vor den Buchbeständen. Besonders beim Bücherabschluß müssen die im Laufe des Geschäftsjahres gebuchten Zahlenwerte gegebenenfalls noch geändert, berichtigt werden (vgl. § 40 HGB).

Ausnahmsweise ist es auch bei der Kasse einmal möglich, daß sie nicht stimmt, daß also bei der Inventur, beim Nachzählen der Banknoten und Münzen, ein Fehlbetrag bzw. ein Überschuß festgestellt wird. Läßt sich dann der entsprechende Beleg für die versehentlich nicht gebuchte Ausgabe oder Einnahme nicht beibringen und wird der Kassierer nicht persönlich dafür haftbar gemacht, so muß der restliche Betrag direkt auf Gewinn- und Verlustkonto oder über ein diesem vorgeschaltetes Abschreibungskonto bzw. ein sogenanntes Kassendifferenz-(Defizit-, Manko-)Konto abgebucht werden. Nur der tatsächliche Endbestand, d. h. der in der Kasse liegende Geldbetrag, gehört in die Bilanz.

**1. Kassenfehlbetrag**

**Beispiel:** Kassenbestand lt. Inventur 550,— DM statt 600,— DM (50,— DM Fehlbetrag!).

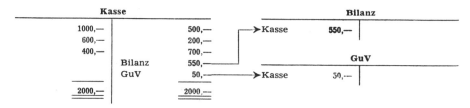

Buchungssätze: Bilanz an Kasse,
    GuV an Kasse.

**2. Kassenüberschuß**

**Beispiel:** Kassenbestand lt. Inventur 620,— DM statt 600,— DM (20,— DM Überschuß!).

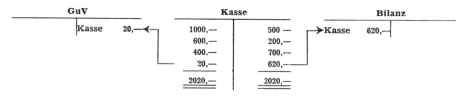

Buchungssätze: Bilanz an Kasse,
    Kasse an GuV.

### b) Portokasse

Schon in mittelgroßen Betrieben empfiehlt sich bei starkem Schriftverkehr mit den Kunden, Lieferanten usw. die Einrichtung eines besonderen Kontos oder Nebenbuches für die Portospesen, ein Büchlein, das ja häufig schon der Lehrling (daher die Bezeichnung „Portokassenjüngling") zu führen imstande ist. Er erhält z. B. am Monatsanfang vom Kassierer 100,— DM zur Bestreitung der laufenden Postkosten.

Buchungssatz: Portokasse an Kasse.

Am Monatsende wird abgerechnet. Entweder wird das restliche, nicht verausgabte Bargeld an die Hauptkasse zurückgegeben (Buchungssatz: Kasse an Portokasse) oder als Saldovortrag für den nächsten Monat übernommen. Ist das Geld völlig verbraucht, erhält der Portokassenführer eine neue Bareinlage.

Beim jährlichen Bücherabschluß stellt das Konto „Portokasse" jedenfalls ein Unterkonto der Hauptkasse dar und gibt seinen Endbestand an diese ab, während der Verbrauch auf Geschäftskosten übertragen wird.

### c) Stornobuchungen

Da nach den gesetzlichen Vorschriften (§ 43 HGB) in den Büchern der Buchführung weder radiert noch nachträglich so verbessert werden darf, daß die ursprüngliche Buchung unkenntlich wird, ist eine fehlerhafte Buchung am zweckmäßigsten durch Stornieren (= Ungültigmachen) wieder richtigzustellen. Es kann sich dabei hauptsächlich um eine Buchung auf der falschen Kontoseite, um die Einsetzung eines falschen Betrages oder schließlich um eine Buchung auf einem falschen Konto handeln. Dadurch, daß **man auf der Gegenseite des Kontos eine Stornobuchung vornimmt, gleicht sich der Fehler wieder aus**, und dann kann die richtige Buchung erfolgen. Daß die Kontens u m m e auf beiden Seiten höher wird, ist belanglos, denn in der Kassenbuchführung sind in erster Linie nicht die Summen wichtig, sondern die S a l d e n.

Solche Stornobuchungen können natürlich auf den verschiedensten Konten nötig werden. Am häufigsten kommen sie jedoch auf dem Kassenkonto vor.

### Beispiel 1

Der Kassenbestand ist nicht 500,— DM, sondern nur 300,— DM, da die 2. Einnahmebuchung im Soll über 100,— DM falsch ist; sie gehört als Ausgabe ins Haben.

| Einnahmen | | **Kasse** | | Ausgaben |
|---|---|---|---|---|
| (1) | 600,— | | | 200,— |
| (2) (Falschbuchung) | 100,— | Storno von 2 | | 100,— |
| | | Richtige Buchung | | 100,— |
| | | Endbestand | | 300,— |
| | 700,— | | | 700,— |

### Beispiel 2

Der Kassenbestand ist nicht 300,— DM, sondern nur 250,— DM, da die zweite Buchung im Haben über 150,— DM statt 100,— DM lauten muß.

| Einnahmen | | **Kasse** | | Ausgaben |
|---|---|---|---|---|
| | 600,— | | | 200,— (1) |
| Storno von 2 | 100,— | (Falschbuchung) | | 100,— (2) |
| | | Richtige Buchung | | 150,— |
| | | Endbestand | | 250,— |
| | 700,— | | | 700,— |

In diesem Falle könnte die Richtigstellung im Haben auch durch die nachträgliche Einsetzung der restlichen 50,— DM auf der nächsten Zeile darunter erfolgen, wobei dann die Stornierung im Soll wegfiele.

## 11. Geschäftsgang Nr. 7

*Neu: Portokasse, Stornobuchung, Kassenfehlbetrag*

| Aktiva | | Eröffnungsbilanz | | Passiva |
|---|---|---|---|---|
| Kasse | 1 450,— | Verbindlichkeiten | | 2 700,— |
| Bank | 3 800,— | Schuldwechsel | | 1 300,— |
| Postscheck | 1 200,— | Kapital | | 20 000,— |
| Besitzwechsel | 850,— | | | |
| Forderungen | 4 000,— | | | |
| Waren | 8 300,— | | | |
| Geschäftseinrichtung | 900,— | | | |
| Kraftfahrzeuge | 3 500,— | | | |
| | 24 000,— | | | 24 000,— |

Geschäftsvorfälle

1. Bareinlage in die Portokasse (Portokasse an Kasse) — 60,—
2. Warenverkauf bar einschl. 210,— DM USt — 2310,—
3. Weitergabe eines Wechsels an Lieferant — 500,—
4. Wareneinkauf auf Ziel einschl. 165,— DM USt — 1815,—
5. Warenbezugskosten (Fracht, Rollgeld) bar einschl. 3,50 DM USt — 38,50
6. Kunde begleicht eine Rechnung über 1980,— DM
   ./. 2 % Skonto    39,60 DM
   durch Überweisung auf unser Bankkonto — 1940,40
7. Privatentnahme vom Bankkonto — 270,—
8. Bezahlung einer Lieferantenrechnung
   über    880,— DM
   ./. 3 % Skonto    26,40 DM
   durch Postbarscheck — 853,60
9. Lohn- und Gehaltszahlung bar — 425,—
10. Buchung Nr. 9 ist falsch. Es wurden nur — 385,— ausgezahlt. Die Stornierungen auf Kassen- und Lohnkonto sind vorzunehmen.
    Kasse: Soll Storno 425,—, Haben 385,—
    Löhne: Haben Storno 425,—, Soll 385,—
11. Mietzahlung bar — 150,—
12. Gutschrift an Kunden für Rücksendung mangelhafter Ware einschl. 10 % USt — 55,—
    (Warenverkauf und USt an Forderungen)
13. Warenverkauf auf Ziel einschl. 10 % USt — 2090,—
14. Einlösung des Schuldwechsels durch Bank — 1300,—
15. Verschiedene Geschäftskosten, bar einschl. 20,— DM USt — 320,—
16. Banküberweisung für Umsatzsteuer — 205,30

Abschlußangaben

1. Endbestand der Portokasse  15,—
   (Kasse an Portokasse 15,—;
   Geschäftskosten an Portokasse 45,—)
2. Kassenendbestand  2806,50
   (Differenz auf GuV)
3. Warenendbestand  8300,—
4. Bank schreibt uns Zinsen gut  8,—
5. Abschreibungen (direkt):
   Geschäftseinrichtung 10 %, Kraftfahrzeuge 25 %

**Lösung:**

| Aktiva | | **Schlußbilanz** | Passiva |
|---|---|---|---|
| Kasse | 2 806,50 | Verbindlichkeiten | 3 135,— |
| Bank | 3 973,10 | Kapital | 20 131,— |
| Postscheck | 346,40 | | |
| Besitzwechsel | 350,— | | |
| Forderungen | 4 055,— | | |
| Waren | 8 300,— | | |
| Geschäftseinrichtung | 810,— | | |
| Kraftfahrzeuge | 2 625,— | | |
| | 23 266,— | | 23 266,— |

**Übungsaufgabe**

Konteneröffnung mit den Zahlen der Schlußbilanz von Geschäftsgang Nr. 7.

Geschäftsvorfälle

1. Kunde sendet Wechsel  2400,—
2. Einlage in die Portokasse  50,—
3. Warenverkauf auf Ziel einschl. 10 % USt  1870,—
4. Diskontierung des Wechsels über  350,—
   ./. Diskont  10,—
   Wir erhalten bar  340,—
5. Wareneinkauf gegen Akzepte einschl. 10 % USt  1815,—
6. Verschiedene Geschäftskosten bar einschl. 30,— DM USt  415,—
7. Stornierung der Buchung Nr. 6
   Es handelt sich nur um 390,— DM Ausgaben einschl. 25,— DM USt
8. Lieferant schreibt uns für unsere Mängelrüge gut  33,—
   (Verb. 33,— an WE 30,— u. Vorst. 3,—)

| | | |
|---|---|---|
| 9. | Begleichung einer Lieferantenrechnung über | 2200,— |
| | ./. 1 % Skonto | 22,— |
| | durch Banküberweisung | 2178,— |
| 10. | Privatentnahme in Waren einschl. 10 % USt | **88,—** |
| 11. | Warenverkauf, bar einschl. 10 % USt | 2200,— |
| 12. | Einlösung von Schuldwechseln durch die Bank | 1500.— |

Abschlußangaben

| | | |
|---|---|---|
| 1. | Endbestände: Portokasse | 10,— |
| | Kasse (nach Übertrag der Portokasse) | 4930,— |
| | Waren | 7745,— |
| 2. | Gutschrift von Bankzinsen | 18,— |
| 3. | Abschreibungen: Geschäftseinrichtung | 90,— |
| | Kraftfahrzeuge | 875,— |

(Lösung: Reingewinn 276,50 DM, Endkapital 20 319,50 DM, Bilanzsumme 21 914,50 DM.

## 12. Darlehen und Hypothek

Bei den Bestandskonten „Forderungen" und „Verbindlichkeiten", die wir bisher in unseren Geschäftsgängen führten, handelt es sich stets um die laufenden normalen und kurzfristigen Geschäftsbeziehungen zu unseren Kunden und Lieferanten; Ein- und Verkäufe von Waren auf Kredit sind spätestens nach zwei bis drei Monaten zu bezahlen. Entstehen jedoch l a n g f r i s t i g e Forderungen und Verbindlichkeiten an Banken und Geschäftsfreunde, deren Tilgungen sich auf Jahre hinaus erstrecken können, so sind besondere Konten dafür anzulegen, z. B. für gegebene bzw. erhaltene D a r - l e h e n oder für eine aufgenommene H y p o t h e k , bei welcher Grundstücke und Gebäude dem Geldgeber als Sicherheit dienen. (Eintragung der Belastung ins Grundbuch!)

Welche Buchungen sind in solchen Fällen vorzunehmen?

### a) Darlehen und Darlehenszinsen

**1. Darlehensforderung**

a) Wir geben z. B. einem Geschäftsfreund ein nach 3 Jahren rückzahlbares, mit 6 % zu verzinsendes Darlehen von 1000,— DM:

Buchungssatz: Darlehensforderung an Kasse.

b) Seine Zinszahlungen am Ende des 1. bis 3. Jahres:

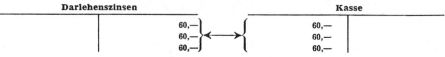

Buchungssätze: Kasse an Darlehenszinsen.

c) Seine Rückzahlung des Darlehens am Ende des 3. Jahres:

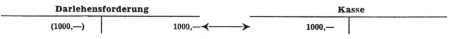

Buchungssatz: Kasse an Darlehensforderung.

## 2. Darlehensschuld (-verbindlichkeit)

Wenn wir — umgekehrt — Darlehen erhalten und dafür jährlich Zinsen zu zahlen haben, so sind die Buchungen, wie man wohl leicht begreifen wird, auch „umgekehrt" und Spiegelbilder der oben dargestellten. Die in Frage kommenden Buchungssätze lauten dann:

> Kasse an Darlehen(sschuld),
> Darlehenszinsen an Kasse,
> Darlehen(sschuld) an Kasse.

Der A b s c h l u ß der Darlehenskonten, als aktiver bzw. passiver Bestandskonten, geschieht auf die entsprechende Seite der Bilanz, derjenige des Kontos „Darlehenszinsen", als eines Erfolgskontos, auf GuV-Konto.

### b) Hypothek, Hypothekenzinsen, Hypothekentilgung

#### 1. Aufnahme einer Hypothek

Erhält man, z. B. von der Bank, auf ein Gebäude im Werte von 50 000,— DM eine bar ausgezahlte Hypothek von 10 000,— DM, so ist zu buchen:

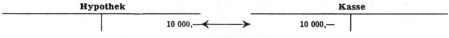

Buchungssatz: Kasse an Hypothek.

Das Hypothekenkonto stellt ein passives Bestandskonto dar und steht — gewissermaßen auch als Wertberichtigung des Gebäudekontos — auf der Passivseite der Bilanz:

| Aktiva | **Bilanz** | | Passiva |
|---|---|---|---|
| Gebäude | 50 000,— | Hypothek | 10 000,— |

#### 2. Zahlung von Hypothekenzinsen

Die für die Hypothekenschuld, meist halbjährlich, zu zahlenden Zinsen (z. B. 8 %) sind zu buchen:

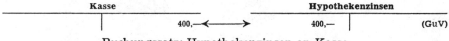

Buchungssatz: Hypothekenzinsen an Kasse.

Auch das Konto „Hypothekenzinsen" ist — wie das Konto „Darlehenszinsen" — ein (negatives) Erfolgskonto und wird daher auf GuV-Konto abgeschlossen.

### 3. Hypothekentilgung

Soll die Hypothek jährlich mit 10 % getilgt (zurückgezahlt, amortisiert) und im Grundbuch gelöscht werden, so lautet die Buchung am Ende des 1. Jahres:

Buchungssatz: Hypothek an Kasse.

Wird jedoch in kleineren Beträgen getilgt, was nicht jedesmal auch im Grundbuch geändert werden kann, so ist ein Tilgungs- oder Amortisationskonto zu errichten, das als vorläufiges Aktivum in der Bilanz dem Hypothekenkonto mit der Gesamtschuld gegenübersteht.

Buchungssatz: Hypothekentilgung an Kasse.

Ist der Betrag von 1000,— DM erreicht und im Grundbuch ausgetragen, so wird das Hypothekentilgungskonto auf Hypothekenkonto abgebucht.

| Hypothekentilgung | | | |
|---|---|---|---|
| (1) Kasse | 250,— | Hypothek | 1000,— (5) |
| (2) Kasse | 250,— | | |
| (3) Kasse | 250,— | | |
| (4) Kasse | 250,— | | |

Buchungssatz (5): Hypothek an Hypothekentilgung.

## 13. Geschäftsgang Nr. 8

*Neu: Darlehen und Hypothek*

| Aktiva | **Eröffnungsbilanz** | | Passiva |
|---|---|---|---|
| Kasse | 1 680,— | Darlehen | 10 000,— |
| Bank | 4 320,— | Hypothek | 25 000,— |
| Postscheck | 1 650,— | Verbindlichkeiten | 11 340,— |
| Besitzwechsel | 2 400,— | Schuldwechsel | 3 160,— |
| Forderungen | 8 150,— | Kapital | 66 200,— |
| Waren | 24 800,— | | |
| Geschäftseinrichtung | 3 200,— | | |
| Kraftfahrzeuge | 9 500,— | | |
| Gebäude | 60 000,— | | |
| | 115 700,— | | 115 700,— |

Geschäftsvorfälle

1. Gutschrift eines Lieferanten für unsere Mängelrüge
   (einschl. USt)                                                    143,—
   (Vorsteuerberichtigung beachten!)
2. Warenverkauf bar einschl. 10 % USt                             10 780,—
3. Barzahlung von Hypothekenzinsen: 6 % für ½ Jahr                   750,—
4. Postscheküberweisung für Gewerbesteuer                            280,—
5. Gewährung eines Bardarlehens an Geschäftsfreund
   (4 % jährliche Verzinsung, nach 3 Jahren rückzahlbar)           2 000,—
6. Mieteinnahme auf Bankkonto                                        420,—
7. Rückzahlung eines Teils der Hypothek durch Bank                 5 000,—
8. Privatentnahme bar                                                600,—
9. Lohnzahlung bar                                                   840,—
10. Warenverkauf gegen Verrechnungsscheck einschl. 10 % USt        4 730,—
11. Wechseldiskontierung zur Gutschrift       1500,— DM
    ./. Diskont                                 20,— DM           1 480,—
12. Postscheküberweisung von Darlehenszinsen an Gläubiger
    (4½ % von 10 000,— DM)                                           450,—
13. Banküberweisung an Lieferant              5500,— DM
    ./. 1 % Skonto                              55,— DM           5 445,—
14. Wareneinkauf auf Ziel einschl. 10 % USt                        2 310,—
15. Verschiedene Geschäftskosten, bar einschl. 15,— DM USt           325,—
16. Kunde sendet Wechsel                                           2 150,—

Abschlußangaben

1. Darlehensschuldner zahlt 4 % Darlehenszinsen bar 80,— DM
2. Gutschrift von Bankzinsen 5,— DM
3. Abschreibungen (direkt): Gebäude 1 %, Geschäftseinrichtung 12½ %,
   Kraftfahrzeuge 20 %
4. Kassenbestand 8010,— DM
5. Warenendbestand 18 870,— DM

**Lösung**

| Aktiva | | Schlußbilanz | Passiva |
|---|---|---|---|
| Kasse | 8 010,— | Darlehensverbindlichkeit | 10 000,— |
| Bank | 510,— | Hypothek | 20 000,— |
| Postscheck | 920,— | Verbindlichkeiten | 8 007,— |
| Besitzwechsel | 3 050,— | Schuldwechsel | 3 160,— |
| Forderungen | 6 000,— | Umsatzsteuer | 1 410,— |
| Darlehensforderung | 2 000,— | Kapital | 66 790,— |
| Vorsteuer | 207,— | | |
| Waren | 18 870,— | | |
| Geschäftseinrichtung | 2 800,— | | |
| Kraftfahrzeuge | 7 600,— | | |
| Gebäude | 59 400,— | | |
| | 109 367,— | | 109 367,— |

**Übungsaufgabe**

Eröffnen Sie das nächste Geschäftsjahr mit den Zahlen der Schlußbilanz von Geschäftsgang Nr. 8, buchen Sie sodann folgende Geschäftsvorfälle, und schließen Sie unter Berücksichtigung der Abschlußangaben ab!

Geschäftsvorfälle

1. Barzahlung der Umsatzsteuer — 1 203,—
2. Wechselweitergabe an Lieferant — 900,—
3. Einlage in Portokasse — 90,—
4. Wareneinkauf bar einschl. 10 % USt — 5 940,—
5. Warenbezugskosten, Zahlung mit Bankscheck, einschl. 10 % USt — 154,—
6. Mieteinnahme auf Bankkonto — 420,—
7. Warenverkauf gegen Verrechnungsscheck, einschl. 10 % USt — 9 900,—
8. Postscheckverüberweisung von Einkommensteuer (privat!) — 75,—
9. Rückzahlung des Darlehens an Gläubiger durch Banküberweisung 10 000,— DM
   + 4½ % Zinsen für ½ Jahr 225,— DM — 10 225,—
10. Warenverkauf bar einschl. 10 % USt — 6 050,—
11. Einlösung von Schuldwechsel bar — 2 000,—
12. Lohnzahlung bar — 1 030,—
13. Kunde überweist auf Postscheckkonto 2750,— DM
    ./. 2 % Skonto 55,— DM — 2 695,—
14. Verschiedene Geschäftskosten bar einschl. 12,— DM USt — 220,—
15. Privatentnahme vom Postscheckkonto — 395,—
16. Darlehensschuldner zahlt 4 % Darlehenszinsen bar — 80,—

Abschlußangaben

1. Endbestand Portokasse 20,— DM
2. Postscheckverüberweisung von 6 % Hypothekenzinsen für ½ Jahr: 600,— DM
3. Lastschrift von Bankzinsen 35,— DM
4. Warenendbestand 14 830,— DM
5. Abschreibungen (direkt): Gebäude 1 % von 60 000,— DM, Geschäftseinrichtung 12½ % von 3200,— DM, Kraftfahrzeuge 20 % von 9500,— DM.

(Lösung: Reingewinn 302,— DM, Endkapital 66 622,— DM, Bilanzsumme 96 334,— DM.)

## 14. Die Buchung zweifelhafter und uneinbringlicher Forderungen

Wir haben in unseren bisherigen Geschäftsgängen stets angenommen, daß unsere Forderungen an die Kunden — die Außenstände — vollwertig sind und alle eingehen werden. Das ist in der Praxis jedoch leider nicht immer der Fall. Es gibt da auch „faule Kunden", deren Zahlungsweise zu wünschen übrigläßt. Bei Zahlungsschwierigkeiten, Vergleich oder Konkurs der betreffenden Kunden erhalten wir schließlich vielleicht nur einen Teil, vielleicht auch gar nichts mehr.

### a) Zweifelhafte Forderungen

Beim Abschluß ist stets zu prüfen, ob die Außenstände in der gebuchten Höhe auch voll einbringlich sind. Bei größeren Posten ist in jedem Einzelfall festzustellen, ob der Forderungseingang nicht gefährdet ist, ob nicht der teilweise oder volle Ausfall der Forderungen zu erwarten ist. Alle Forderungen, deren Eingang zweifelhaft ist, werden auf ein besonderes Konto (Zweifelhafte Forderungen, Dubiose) übertragen.

Wird z. B. von 15 000,— DM Forderungen der Eingang von 1000,— DM zweifelhaft, so buchen wir diesen Betrag zunächst auf Zweifelhafte Forderungen um, von wo er auch später auf die Schlußbilanz übertragen wird:

| Forderungen | | | Zweifelhafte Forderungen | | |
|---|---|---|---|---|---|
| (15 000) | Zweifelhafte Forderungen | 1 000 | Forderungen 1 000 | S.-Bilanz | 1 000 |
| | S.-Bilanz | 14 000 | | | |
| 15 000 | | 15 000 | | | |

### b) Uneinbringliche Forderungen

Ist eine Forderung, die bisher sicher oder zweifelhaft war, völlig uneinbringlich geworden, so muß sie abgeschrieben werden. Das gleiche gilt für die Beträge, die auf Grund freiwilliger Vereinbarungen oder auf Grund eines Konkurs- oder Vergleichsverfahrens erlassen wurden.

Bei der Abschreibung ist folgende Überlegung anzustellen: Eine Forderung setzt sich aus zwei Teilen zusammen, aus dem seinerzeit berechneten reinen Entgelt (= Nettoverkaufspreis), der als Erlös gebucht wurde, und der Umsatzsteuer, die als durchlaufender Posten nicht den Gewinn berührte, sondern als Verbindlichkeit gegenüber dem Finanzamt gebucht wurde. Die Abschreibung einer Forderung bedeutet also einmal eine Erlösminderung und zum anderen eine Minderung der Umsatzsteuerverbindlichkeit (vgl. auch § 17 Abs. 2 UStG). In Höhe des seinerzeit berechneten Nettoverkaufspreises wird daher die Abschreibung auf Forderungen zu Lasten des Gewinn- und Verlustkontos gebucht. Zweckmäßigerweise schaltet man dem Gewinn- und Verlustkonto ein besonderes Aufwandskonto „Abschreibungen auf Forderungen" vor, das die einzelnen Ausfälle aufnimmt und gesammelt an das Gewinn- und Verlustkonto weitergibt. Der Umsatzsteueranteil jedoch wird zu Lasten des Kontos „Umsatzsteuer" gebucht, d. h. die Verbindlichkeit gegenüber dem Finanzamt wird berichtigt.

Der bei der Abschreibung auf Forderungen anzuwendende Buchungssatz lautet demnach:

    Abschreibungen auf Forderungen
    Umsatzsteuer
        an Forderungen (bzw. Zweifelhafte Forderungen)

Das Konto „Abschreibungen auf Forderungen" wird über das Gewinn- und Verlustkonto abgeschlossen:

Gewinn- und Verlustkonto an Abschreibungen auf Forderungen.

**Beispiel**

Von den zweifelhaften Forderungen (siehe oben) sind 330,— DM uneinbringlich geworden.

| Zweifelhafte Forderungen | | Umsatzsteuer | |
|---|---|---|---|
| (1000) | Abschreibungen auf Forderungen 300 | Zweifelhafte Forderungen 30 | |
| | Umsatzsteuer 30 | | |
| | Bilanz 670 | | |
| 1000 | 1000 | | |

| Abschreibungen auf Forderungen | | Gewinn und Verlust | |
|---|---|---|---|
| Zweifelhafte Forderungen 300 | GuV 300 | Abschreibungen auf Forderungen 300 | |

### c) Wertberichtigung auf Forderungen

Im allgemeinen, besonders aber in größeren Betrieben, wird man die Wertminderung der Forderungen nicht erst dann berücksichtigen, wenn sie durch den ganzen oder teilweisen Forderungsausfall realisiert ist, sondern man wird ihr bereits vorher beim Jahresabschluß Rechnung tragen. Der vermutliche Forderungsausfall wird abgeschrieben, jedoch nur in Höhe des Entgeltanteils (siehe oben). Die Umsatzsteuer darf erst bei *effektivem* Ausfall berichtigt werden. Diese Handhabung ist in § 17 Abs. 2 UStG vorgeschrieben („... uneinbringlich geworden ...").

Bei dieser Abschreibung kann (wie bei der Anlagenabschreibung) die direkte oder die indirekte Methode angewendet werden. In der Praxis ist die indirekte Methode, also die Bildung einer Wertberichtigung auf Forderungen (= Delkredere), üblich.

In Höhe der mutmaßlichen Forderungsausfälle (ohne Umsatzsteuer!) wird beim Jahresabschluß eine Wertberichtigung zu Lasten des Kontos Abschreibungen auf Forderungen gebildet.

Buchungssätze:

Abschreibungen auf Forderungen an Wertberichtigung auf Forderungen

Gewinn und Verlust an Abschreibungen auf Forderungen

Treten im folgenden Jahr die Verluste, für die beim Abschluß eine Wertberichtigung gebildet wurde, wirklich ein, dann sind sie in Höhe des Entgeltanteils (= Forderung ./. Umsatzsteueranteil) nicht mehr über das Gewinn- und Verlustkonto, sondern über das Wertberichtigungskonto auszubuchen:

Wertberichtigung auf Forderungen an (Zweifelhafte) Forderungen

Erst jetzt ist auch die Umsatzsteuer zu berichtigen:

> Umsatzsteuer an (Zweifelhafte) Forderungen

womit dann die Forderungen in voller Höhe abgeschrieben sind.

Neben diesen Einzelwertberichtigungen sind auch P a u s c h a l wertberichtigungen üblich, d. h., auf alle Forderungen, soweit sie nicht einzeln wertberichtigt werden, wird ein bestimmter Prozentsatz (ausschließlich Umsatzsteuer) abgeschrieben.

In der Regel ist die Schätzung des Ausfalles, selbst wenn sie mit größter Gewissenhaftigkeit vorgenommen wurde, nicht genau. Die tatsächlichen Ausfälle entsprechen deshalb der Wertberichtigung nur selten. Der sich auf dem Wertberichtigungskonto nach Abbuchung der Forderungsausfälle ergebende Saldo wird an das Gewinn- und Verlustkonto zurückgegeben oder mit einer neuen Wertberichtigung verrechnet.

### Übungsaufgabe

Das Konto „Forderungen" ist mit 22 000,— DM belastet, das Konto „Wertberichtigung auf Forderungen" weist im Haben einen Betrag von 2500,— DM auf. Buchen Sie nun folgende Geschäftsvorfälle:

1. Uneinbringliche Forderung 770,— DM (Entgeltanteil aus Wertberichtigung decken!)
2. Der Eingang von 4400,— DM Forderungen wird zweifelhaft.
3. Abschluß:
   a) 2200,— DM der zweifelhaften Forderungen sind als *uneinbringlich* abzuschreiben.
   b) *Wahrscheinlicher* Wert der restlichen zweifelhaften Forderungen 40 %/o (also Ausfall = 60 %/o).
   Pauschalwertberichtigung auf 2 %/o der normalen Forderungen.
   Das Wertberichtigungskonto ist entsprechend aufzufüllen.

**Lösung**

| Forderungen | | | | Zweifelhafte Forderungen | | | |
|---|---|---|---|---|---|---|---|
| 22 000 | | Wertber. u. USt | 770 (1) | (2) Forderungen | 4400 | Wertber. u. USt | 2200 (3a) |
| | | Zw. Fordg. | 4 400 (2) | | | S.-Bilanz | 2200 |
| | | S.-Bilanz | 16 830 | | | | |
| 22 000 | | | 22 000 | | 4400 | | 4400 |

| Abschreibungen auf Forderungen | | | | Umsatzsteuer | | | |
|---|---|---|---|---|---|---|---|
| (3b) Wertb. a. Fordg. | 1706 | GuV | 1706 | (1) Forderungen | 70 | | |
| | | | | (3a) Zw. Ford. | 209 | | |

| Wertberichtigung auf Forderungen | | | |
|---|---|---|---|
| (1) Forderungen | 700 | | 2500 |
| (3a) Zw. Fordg. | 2000 | Abschr. a. Fordg. | 1706 (3b) |
| S.-Bilanz | 1506 | | |
| | 4206 | | 4206 |

Zu 3 b:

| | |
|---|---:|
| Wahrscheinlicher Ausfall der restlichen zweifelhaften Forderungen = 60 % von 2200,— DM | 1320,— |
| 2 % der normalen Forderungen (16 830,— DM) | 336,60 |
| | 1656,60 |
| ./. Umsatzsteueranteil (= $^1/_{11}$) | 150,60 |
| Erforderliche Wertberichtigung | 1506,— |
| + Differenz (Konto durch Buchung 1 und 3 a „überzogen") | 200,— |
| Zu buchende Wertberichtigung (Abschreibungen auf Forderungen an Wertberichtigung auf Forderungen) | 1706,— |

## 15. Geschäftsgang Nr. 9

*Neu: Zweifelhafte und uneinbringliche Forderungen*

| Aktiva | | Eröffnungsbilanz | | Passiva |
|---|---:|---|---:|---:|
| Kasse | 2 145,— | Darlehen | | 3 000,— |
| Bank | 6 320,— | Hypothek | | 15 000,— |
| Postscheck | 855,— | Verbindlichkeiten | | 13 625,— |
| Besitzwechsel | 3 500,— | Kapital | | 67 400,— |
| Forderungen | 7 660,— | | | |
| Waren | 31 045,— | | | |
| Geschäftsausstattung | 2 500,— | | | |
| Geschäftshaus | 45 000,— | | | |
| | 99 025,— | | | 99 025,— |

Geschäftsvorfälle

1. Kunde überweist auf Postscheckkonto      2200,— DM
   ./. 2½ % Skonto      55,— DM      2145,—
2. Wareneinkauf gegen 2 Akzepte von je 2200,— DM
   (einschl. 400,— DM USt)      4400,—
3. Barzahlung von Frachtkosten (einschl. 7,— DM USt)      77,—
4. Durch Konkurs eines Kunden werden uneinbringlich      572,—
   (Abschreibung 520,— und USt 52,— an Forderungen 572,—)
5. Warenverkauf, bar einschl. 320,— DM USt      3520,—
6. Rückzahlung des Darlehens durch Banküberweisung      3000,— DM
   + Zinsen      180,— DM      3180,—
7. Barzahlung von Lohn und Gehalt      610,—
8. Postschecküberweisung von Hypothekenzinsen      600,—
9. Einlösung eines fälligen Akzepts, bar      2200,—

10. Der Eingang einer Forderung wird zweifelhaft              880,—
    (Zweifelhafte Forderungen an Forderungen!)
11. Warenrücksendung an Lieferant, einschl. 25,— DM USt    275,—
12. Privatentnahme bar                                                      750,—
13. Postscheküberweisung an Lieferant       2200,— DM
    ./. 3 % Skonto                      66,— DM    2134.—
14. Warenverkauf auf Ziel, einschl. 590,— DM USt          6490,—
15. Einlösung eines Besitzwechsels durch Bank             1200,—
16. Verschiedene Geschäftskosten bar (darin 75,— DM USt)   905,—

Abschlußangaben

1. **Banküberweisung** der Umsatzsteuer (nach Abzug
   von 451,— DM Vorsteuer)                                      402,—
2. Wahrscheinlicher Wert der zweifelhaften Forderungen 75 %
   = 660,— DM.
   (also: Abschreibung an Wertberichtigung 200,— DM, denn es darf ja nur der Entgeltanteil abgeschrieben werden!)
3. Gutschrift von Bankzinsen 8,— DM.
4. Kassenendbestand 1103,— DM.
5. Warenendbestand 29 942,— DM.
6. Abschreibungen (direkt):
   a) Geschäftsausstattung: 10 % vom Anschaffungswert von   3 500,— DM.
   b) Geschäftshaus: 1½ % vom Anschaffungswert von   50 000,— DM.

**Lösung** (wichtigste Konten)

| Forderungen | | | |
|---|---|---|---|
| | 7 660 | Postscheck | 2 200 (1) |
| (14) WV, USt | 6 490 | Abschr., USt | 572 (4) |
| | | Zw. Fordg. | 880 (10) |
| | | S.-Bilanz | 10 498 |
| | 14 150 | | 14 150 |

| Zweifelhafte Forderungen | | | |
|---|---|---|---|
| (10) Forderungen | 880 | S.-Bilanz | 880 |

| Vorsteuer | | | |
|---|---|---|---|
| (2) Akzepte | 400 | Verbindl. | 25 (11) |
| (3) Kasse | 7 | Lf.-Skonti | 6 (13) |
| (16) Kasse | 75 | USt | 451 (A1) |
| | 482 | | 482 |

| Umsatzsteuer | | | |
|---|---|---|---|
| (1) Kd.-Skonti | 5 | Kasse | 320 (5) |
| (4) Forderungen | 52 | Forderungen | 590 (14) |
| (A1) Vorsteuer | 451 | | |
| (A1) Bank | 402 | | |
| | 910 | | 910 |

| Abschreibung auf Forderungen | | | |
|---|---|---|---|
| (4) Forderungen | 520 | GuV | 720 |
| (A2) Wertber. | 200 | | |
| | 720 | | 720 |

| Wertberichtigung auf Forderungen | | | |
|---|---|---|---|
| S.-Bilanz | 200 | Abschr. a. F. | 200 (A2) |

| Aktiva | | Schlußbilanz | Passiva |
|---|---|---|---|
| Kasse | 1 103,— | Hypothek | 15 000,— |
| Bank | 3 946,— | Verbindlichkeiten | 11 150,— |
| Postscheck | 266,— | Akzepte | 2 200,— |
| Besitzwechsel | 2 300,— | Wertberichtg. a. Forderungen | 200,— |
| Forderungen | 10 498,— | Kapital | 66 785,— |
| Zweifelhafte Forderungen | 880,— | | |
| Waren | 29 942,— | | |
| Geschäftsausstattung | 2 150,— | | |
| Geschäftshaus | 44 250,— | | |
| | 95 335,— | | 95 335,— |

**Übungsaufgabe**

Konteneröffnung mit den Zahlen der Schlußbilanz von Geschäftsgang Nr. 9.

Geschäftsvorfälle

1. Warenverkauf, bar einschl. 10 % USt — 5830,—
2. Postscheckü̈berweisung von Kunde — 4400,—
   ./. 2½ % Skonto — 110,—
   — 4290,—
3. Von den zweifelhaften Forderungen werden uneinbringlich — 330,—
   (davon waren 200,— DM bereits indirekt auf Wertberichtigungskonto gebucht)
   (Wertberichtigung 200,—, Abschreibungen auf Forderungen 100,—, USt 30,— an Zweifelhafte Forderungen 330,—)
4. Warenverkauf auf Ziel einschl. 10 % USt — 4400,—
5. Lieferant zieht Wechsel auf uns — 1850,—
6. Rückzahlung einer Teilhypothek durch Bank — 3000,—
7. Privatentnahme in Waren einschl. 10 % USt — 242,—
8. Banküberweisung an Lieferant — 3850,—
   ./. 2 % Skonto — 77,—
   — 3773,—
9. Wechseldiskontierung — 2000,—
   ./. Diskont und Spesen — 15,—
   Gutschrift — 1985,—
10. Eine Forderung wird zweifelhaft — 660,—
11. Barzahlung von Lohn und Gehalt — 1435,—
12. Privatentnahme bar — 650,—
13. Wareneinkauf gegen Postscheckü̈berweisung einschl. 10 % USt — 4290,—
14. Einlösung von Akzepten bar — 2000,—
15. Barzahlung von Hypothekenzinsen — 450,—
16. Verschiedene Geschäftskosten, bar (darin 90,— DM USt) — 1390,—

Abschlußangaben

1. Abschreibungen:
   Geschäftsausstattung 350,— DM.
   Geschäftshaus 750,— DM.
2. Warenendbestand 30 007,— DM.
3. Lastschrift von Bankzinsen 13,— DM.
4. Wahrscheinlicher Wert der zweifelhaften Forderungen: 50 %
   (nur Entgeltanteil abschreiben!).

**Lösung**

| Aktiva | | **Schlußbilanz** | Passiva |
|---|---|---|---|
| Kasse | 1 008,— | Hypothek | 12 000,— |
| Postscheck | 266,— | Verbindlichkeiten | 5 450,— |
| Besitzwechsel | 300,— | Akzepte | 2 050,— |
| Forderungen | 9 838,— | Bank | 855,— |
| Zweifelhafte Forderungen | 1 210,— | Wertberichtg. a. Forderungen | 550,— |
| Vorsteuer | 473,— | Umsatzsteuer | 912,— |
| Waren | 30 007,— | Kapital | 66 585,— |
| Geschäftsausstattung | 1 800,— | | |
| Geschäftshaus | 43 500,— | | |
| | 88 402,— | | 88 402,— |

## 16. Jahresabgrenzung

Wenn man am Jahresende den wirklichen Erfolg feststellen will, müssen alle Aufwendungen und Erträge, die das alte Jahr betreffen, diesem zugerechnet werden. Hier können zwei Fälle auftreten:

1. Im alten Jahr sind Aufwendungen und Erträge angefallen, die aber erst das neue Jahr betreffen. Beispiele: Im alten Jahr bezogenes und als Aufwand gebuchtes Heizmaterial wird erst im neuen Jahr verwendet; vorausbezahlte Provisionen, Versicherungsbeiträge, Mieten, Löhne usw. Im voraus erhaltene Provisionen, Mieten usw.

   Diese Posten laufen sozusagen ins neue Jahr hinüber; deshalb bezeichnet man sie als **transitorische** Posten (lat.: transire = hinübergehen).

2. Für Aufwendungen und Erträge, die das alte Jahr betreffen, fallen die Ausgaben bzw. Einnahmen erst im neuen Jahr an. Beispiele: Versicherungsprämien, Mieten, Provisionen usw., die in das alte Jahr gehören, werden erst im neuen Jahr gezahlt bzw. vereinnahmt.

   Die Posten müssen, wenn man den richtigen Erfolg der Jahre ermitteln will, ins alte Jahr vorgezogen werden; deshalb nennt man sie **antizipative** Posten (lat.: anticipere = vorwegnehmen).

### a) Transitorische Posten

Nehmen wir an, auf dem Konto „Heizung und Beleuchtung", das am Jahresende einen Gesamt**aufwand** von 1500,— DM ausweist, sei u. a. ein Betrag von 300,— DM für Kohlen gebucht. Am Jahresende sind noch für 100,— DM Kohlen übrig, die erst im nächsten Jahr verbraucht werden. Das alte Jahr ist also zu Unrecht mit 100,— DM belastet. Diese gehören ins neue Jahr. Wir haben gleichsam eine Forderung an das neue Jahr in Höhe von 100,— DM. Wir müssen also das alte Jahr um 100,— DM entlasten und dafür eine „Forderung" (= Aktivposten!) in der gleichen Höhe buchen. Dafür wird ein besonderes Konto eingerichtet: „A k t i v e  Posten der Rechnungsabgrenzung" oder kurz „Aktive Rechnungsabgrenzung":

Aktive RA an Heizung und Beleuchtung 100,—

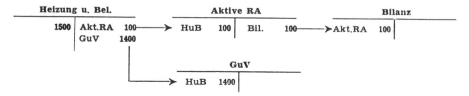

Das alte Jahr ist nun richtig nur mit 1400,— DM belastet.

Im neuen Jahr wird der Betrag von 100,— DM durch die Buchung

Heizung und Beleuchtung an Aktive RA 100,—

als Aufwand auf das Konto „Heizung und Beleuchtung" übernommen. Damit ist der Gesamtaufwand richtig abgegrenzt.

Umgekehrt verfahren wir bei E r t r ä g e n, die ins neue Jahr gehören. Haben wir z. B. 200,— DM Miete für Januar schon im Dezember vereinnahmt, so haben wir gewissermaßen eine Schuld an das neue Jahr, dem ja diese Januarmiete zusteht; wir grenzen somit über das Konto „P a s s i v e Rechnungsabgrenzung" ab:

Mieterträge an Passive RA 200,—

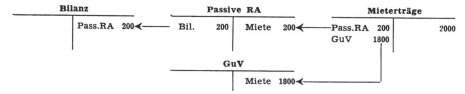

Buchung im neuen Jahr (Auflösung der Rechnungsabgrenzung):

Passive RA an Mieterträge 200,—

Beide Jahre haben den richtigen Mietertrag erhalten.

### b) Antizipative Posten

Bei den antizipativen Posten erfolgt die Abgrenzung ähnlich. Da es sich hierbei jedoch um echte Forderungen bzw. Verbindlichkeiten handelt — wir haben z. B. die Dezembermiete noch nicht erhalten (= Forderung an den Mieter) oder wir haben noch Löhne zu zahlen (= Verbindlichkeit gegenüber dem Arbeitnehmer) —, wird nicht über „Aktive RA" bzw. „Passive RA" abgegrenzt, sondern über das Konto „Sonstige Forderungen" bzw. „Sonstige Verbindlichkeiten".

Wenn unser Mieter die Dezembermiete in Höhe von 200,— DM erst am 2. Januar zahlt (= Ertrag des alten Jahres), so buchen wir am 31. Dezember:

Sonstige Forderungen an Miete 200,—

| Mieterträge | | Sonstige Forderungen | | Bilanz | |
|---|---|---|---|---|---|
| GuV 2200 | 2000 | Bil. 200 | →So. Fdg. 200 | | |
| | So. Fdg. 200——→Mietertr. 200 | | | | |

Im neuen Jahr wird die eingehende Mietzahlung nicht über „Mieterträge" gebucht (sie ist ja kein Ertrag des neuen Jahres), sondern direkt über „Sonstige Forderungen":

Kasse an Sonstige Forderungen 200,—

Damit ist das Konto „Sonstige Forderungen" ausgeglichen; die Zahlung hat keinen Einfluß auf den Gewinn des neuen Jahres.

Wenn wir andererseits am 31. Dezember noch Löhne in Höhe von 500,— DM zu zahlen haben (= Aufwand des alten Jahres), die Zahlung aber erst am 3. Januar erfolgt, so buchen wir am 31. Dezember:

Löhne an Sonstige Verbindlichkeiten 500,—

| Bilanz | | Sonst. Verbindlichk. | | Löhne | |
|---|---|---|---|---|---|
| | | | | 6000 | GuV 6500 |
| | So.Verb. 500◄— | Bil. 500 | Löhne 500◄——So.Verb. 500 | | |

Die Zahlung im neuen Jahr buchen wir:

Sonstige Verbindlichkeiten an Kasse 500,—

Damit ist der Lohnaufwand in das Jahr verlagert, in das er gehört; das neue Jahr ist nicht damit belastet.

### c) Zusammenfassende Übung

Auf den nachstehenden, mit Buchungen versehenen Erfolgskonten sind für den Abschluß am 31. 12 noch folgende Posten zu buchen:

1. Noch zu zahlende Miete für Lagerschuppen 130,— DM.
2. Im voraus gezahlte Löhne 450,— DM.
3. Die gezahlte Versicherung von insgesamt 80,— DM betrifft die Zeit vom 1. Juli lfd. J. bis 30. Juni n. J. (d. h., es wurde für ein halbes Jahr im voraus bezahlt).

4. Die erhaltene Miete von 600,— DM betrifft die Monate Dezember, Januar und Februar mit je 200,— DM (d. h., wir haben 400,— DM im voraus erhalten).
5. Noch zu erhaltende Steuer (Rückerstattung des Finanzamts): 70,— DM.

| Mietaufwendungen | | | | Hauserträge | | | |
|---|---|---|---|---|---|---|---|
| (1) Sonst. Verb. | 270 130 | GuV | 400 | (4) Passive RA GuV | 400 200 | | 600 |
| | 400 | | 400 | | 600 | | 600 |

| Löhne | | | | Betriebssteuern | | | |
|---|---|---|---|---|---|---|---|
| | 2800 | Aktive RA GuV | 450 (2) 2350 | | 670 | Sonst. Fordg. GuV | 70 (5) 600 |
| | 2800 | | 2800 | | 670 | | 670 |

| Versicherungen | | | | Gewinn und Verlust | | | |
|---|---|---|---|---|---|---|---|
| | 80 | Aktive RA GuV | 40 (3) 40 | Mietaufw. Löhne Versicherungen Betriebssteuern | 400 2350 40 600 | Hauserträge | 200 |
| | 80 | | 80 | | | | |

| Aktive RA | | | | Passive RA | | | |
|---|---|---|---|---|---|---|---|
| (2) Löhne (3) Versich. | 450 40 | Bilanz | 490 | Bilanz | 400 | Hausertr. | 400 (4) |
| | 490 | | 490 | | | | |

| Sonstige Forderungen | | | | Sonstige Verbindlichkeiten | | | |
|---|---|---|---|---|---|---|---|
| (5) Betriebssteuern | 70 | Bilanz | 70 | Bilanz | 130 | Mietaufw. | 130 (1) |

| Bilanz | | | |
|---|---|---|---|
| Aktive RA | 490 | Passive RA | 400 |
| Sonst. Fordg. | 70 | Sonst. Verbindl. | 130 |

# 17. Geschäftsgang Nr. 10

*Neu: Jahresabgrenzung*

| Aktiva | Eröffnungsbilanz | | Passiva |
|---|---|---|---|
| Kasse | 870,— | Bank | 4 090,— |
| Postscheck | 1 820,— | Hypothek | 15 000,— |
| Besitzwechsel | 3 500,— | Verbindlichkeiten | 8 230,— |
| Forderungen | 7 850,— | Schuldwechsel | 6 520,— |
| Zweifelhafte Forderungen | 2 200,— | Kapital | 89 500,— |
| Waren | 45 300,— | | |
| Geschäftsausstattung | 5 400,— | | |
| Geschäftshaus | 56 400,— | | |
| | 123 340,— | | 123 340,— |

Geschäftsvorfälle

1. Warenverkauf, bar einschl. 10 % USt ... 7480,—
2. Kunde überweist auf Bank ... 3300,— DM
   ./. 3 % Skonto ... 99,— DM ... 3201,—
3. Kauf von Heizmaterial; Zahlung mit Scheck, einschl. 10 % USt ... 462,—
4. Barzahlung für Zeitungsinserate einschl. 10 % USt ... 198,—
5. Banküberweisung an Lieferanten ... 2200,— DM
   ./. 2 % Skonto ... 44,— DM ... 2156,—
6. Gehaltszahlung, bar ... 635,—
7. Warenverkauf gegen Wechsel einschl. 10 % USt ... 4290,—
8. Kauf von Büromöbeln; Begleichung durch Zahlkarte (Kasse!) einschl. 10 % USt ... 1100,—

9. Wechseldiskontierung bei Bank ... 2000,— DM
   ./. Diskont ... 40,— DM
   Wir erhalten Gutschrift über ... 1960,—
10. Wareneinkauf gegen Weitergabe eines Besitzwechsels, einschl. 10 % USt ... 1650,—
11. Postscheckforderung von Lagerraummiete für $^{1}/_{2}$ Jahr ... 720,—
12. Gutschrift des Lieferanten für Warenrücksendung, einschl. 10 % USt ... 88,—
13. Akzepteinlösung, bar ... 3000,—
14. Privatentnahme vom Postscheckkonto ... 400,—
15. Banküberweisung von 6 % Hypothekenzinsen für Januar bis Juni des laufenden Jahres ... 450,—
16. Verschiedene Geschäftskosten, bar einschl. 15,— DM USt ... 325,—

Abschlußangaben

1. Vermutlicher Ausfall von 20 % der zweifelhaften Forderungen (über „Wertberichtigung auf Forderungen" buchen, nur Entgeltanteil!).
2. Warenendbestand 40 720,— DM.
3. Lastschrift von Bankzinsen 38,— DM.
4. **Abschreibungen (direkt): Geschäftsausstattung 12$^{1}/_{2}$ % vom Endbestand (6400,—); Geschäftshaus 2 % vom Anschaffungswert 60 000,— DM.**
5. Noch zu zahlende Gehälter 120,— DM.
6. Die gezahlte Miete betrifft die Monate Oktober des lfd. Jahres bis einschließlich März des kommenden Jahres.
7. Noch vorhandene Kohlenvorräte (Konto „Heizung und Beleuchtung") 160,— DM.
8. Noch zu zahlende Hypothekenzinsen für Juli bis Dezember 450,— DM.

**Lösung** (wichtigste Konten)

| Aktive RA | | | | Sonstige Verbindlichkeiten | | | |
|---|---|---|---|---|---|---|---|
| Miete | 360 | Bilanz | 520 | Bilanz | 570 | Gehälter | 120 |
| Heiz. u. Bel. | 160 | | | | | Hyp.-Zinsen | 450 |
| | 520 | | 520 | | 570 | | 570 |

| Gewinn und Verlust | | | | Bilanz | | | |
|---|---|---|---|---|---|---|---|
| Kunden-Skonti | 90 | Lief.-Skonti | 40 | Kasse | 3 092 | Bank | 2 035 |
| Disk. u. Zinsen | 78 | Warenverk. | 4 700 | Postscheck | 700 | Hypothek | 15 000 |
| Hyp.-Zinsen | 900 | Kapital (Verl.) | 593 | Bes.-Wechsel | 4 140 | Verbindlichk. | 5 942 |
| Heiz. u. Bel. | 260 | | | Forderungen | 4 550 | Umsatzsteuer | 1 061 |
| Werbekosten | 180 | | | Zw. Fordg. | 2 200 | Sonst. Verb. | 570 |
| Gehälter | 755 | | | Vorsteuer | 313 | Schuldwechsel | 3 520 |
| Miete | 360 | | | Waren | 40 720 | Wertber. a. Ford. | 400 |
| Gesch.-Kosten | 310 | | | Gesch.-Ausst. | 5 600 | Kapital | 88 507 |
| Abschr. Fordg. | 400 | | | Gesch.-Haus | 55 200 | | |
| Abschr. Anl. | 2000 | | | Aktive RA | 520 | | |
| | 5 333 | | 5 333 | | 117 035 | | 117 035 |

Buchungen im nächsten Jahr:

| | |
|---|---:|
| Miete an Aktive RA | 360,— |
| Heizung und Beleuchtung an Aktive RA | 160,— |
| Sonstige Verbindlichkeiten an Kasse (bei Zahlung der Gehälter!) | 120,— |
| Sonstige Verbindlichkeiten an Bank (bei Zahlung der Zinsen) | 450,— |

**Übungsaufgabe**

Eröffnen Sie das neue Geschäftsjahr mit den Zahlen der Schlußbilanz von Geschäftsgang Nr. 10, lösen Sie die aktive Rechnungsabgrenzung auf, buchen Sie die neuen Geschäftsvorfälle und schließen Sie unter Berücksichtigung der Abschlußangaben ab!

G e s c h ä f t s v o r f ä l l e

1. Barzahlung der Umsatzsteuer   **748,—**
2. Warenverkauf auf Ziel, einschl. 10 % USt   6 655,—
3. Gehaltszahlungen bar:
   Rückständige Gehälter (= Sonst. Verb.)   120,— DM
   Weitere Gehälter   760,— DM   880,—
4. Gutschrift für Mängelrüge des Kunden einschl. 10 % USt   286,—
5. Banküberweisung der Hypothekenzinsen
   vom vergangenen Geschäftsjahr (= Sonst. Verb.)   450,—
6. Kunde überweist auf Postscheckkonto   4400,— DM
   ./. 2 % Skonto   88,— DM   4 312,—
7. Privatentnahme, bar   700,—
8. Wareneinkauf gegen Postbarscheck einschl. 10 % USt   3 003,—
   Barzahlung von Frachtkosten dafür einschl. 10 % USt   99,—

9. Warenverkauf, bar einschl. 10 % USt　　　　　　　　　　　　　　10 890,—
10. Einzahlung auf Bankkonto　　　　　　　　　　　　　　　　　　　9 000,—
11. Banküberweisung von Miete (für Geschäft)　　　　　　　　　　　1 200,—
12. Barzahlung für elektrisches Licht und Heizmaterial
　　einschl. 10 % USt　　　　　　　　　　　　　　　　　　　　　　　209,—
13. Wechseldiskontierung zur Gutschrift　　　　2500,— DM
　　./. Diskont　　　　　　　　　　　　　　　　　20,— DM　　　　2 480,—
14. Banküberweisung an Lieferant　　　　　　　3300,— DM
　　./. 3 % Skonto　　　　　　　　　　　　　　　99,— DM　　　　3 201,—
15. Postschecküberweisung:
　　Einkommensteuer　　　　　　　　　　　　　　130,— DM
　　Gewerbesteuer　　　　　　　　　　　　　　　425,— DM　　　　　555,—
16. Verschiedene Geschäftskosten, bar einschl. 12,— DM USt　　　　230,—
17. Akzepteinlösung durch die Bank　　　　　　　　　　　　　　　　2 100,—

Abschlußangaben

1. Von den zweifelhaften Forderungen sind 748,— DM im Konkurs des Schuldners ausgefallen (bereits vorhandene Wertberichtigung 400,— DM!). Von den restlichen zweifelhaften Forderungen wird wahrscheinlich die Hälfte ausfallen.
2. Rechnungsabgrenzung:
　Gehaltsvorschüsse 100,— DM.
　Noch zu zahlende Hypothekenzinsen für 1 Jahr 900,— DM.
　Für 1 Monat im voraus gezahlte Miete 120,— DM.
　Noch zu zahlende Feuerversicherung 25,— DM.
3. Warenendbestand 35 724,— DM.
4. Abschreibungen (direkt):
　Geschäftsausstattung: $1/7$ ($14^2/7$ %) vom Buchwert.
　Geschäftshaus: 2 % vom Anschaffungswert 60 000,— DM.
5. Gutschrift von Bankzinsen 17,— DM.

**Lösung**

| Aktiva | | Schlußbilanz | Passiva |
|---|---:|---|---:|
| Kasse | 2 116,— | Hypothek | 15 000,— |
| Bank | 2 511,— | Verbindlichkeiten | 2 642,— |
| Postscheck | 1 454,— | Schuldwechsel | 1 420,— |
| Besitzwechsel | 1 640,— | Wertber. a. Fordg. | 660,— |
| Forderungen | 6 519,— | Umsatzsteuer | 1 493,— |
| Zweifelhafte Forderungen | 1 452,— | Sonstige Verbindlichkeiten | 925,— |
| Vorsteuer | 304,— | Kapital | 88 600,— |
| Waren | 35 724,— | | |
| Geschäftsausstattung | 4 800,— | | |
| Geschäftshaus | 54 000,— | | |
| Aktive RA | 220,— | | |
| | 110 740,— | | 110 740,— |

# 18. Lohnbuchführung

Wenn in unseren bisherigen Geschäftsgängen Lohn- und Gehaltszahlungen (bar) vorkamen, so buchten wir stets „Löhne an Kasse" und schlossen dann dieses Erfolgskonto wie alle übrigen (Geschäftskosten, Steuern, Miete, Werbekosten usw.) auf Gewinn- und Verlustkonto ab. Nun kommt man aber in der Praxis mit einer einzigen Lohnbuchung kaum aus, und zwar aus folgenden Gründen:

a) Die vom Bruttolohn abzuziehenden Beträge an Lohn- und Kirchensteuer sowie die Arbeitnehmeranteile an den Sozialversicherungen (Krankenkasse, Angestellten- bzw. Arbeiterrentenversicherung, Arbeitslosenversicherung) erfordern besondere Buchungen.

b) Der Arbeitgeber hat über die genannten — an die Krankenkasse abzuführenden — Sozialversicherungsanteile hinaus selber noch einen Anteil daran zu tragen. Das ist zur Zeit die Hälfte des Gesamtbetrages. Damit kann man aber nicht das Lohnkonto belasten, das ausschließlich der Lohnverrechnung mit dem Personal dienen soll. Es wird deshalb dafür ein besonderes Konto „Gesetzliche soziale Aufwendungen" oder „Betriebsanteile an der Sozialversicherung" eingerichtet.

**Beispiel**

```
                                              3000,— DM Bruttolöhne
 ./. Abzüge ⎰ Lohnsteuer        100,— DM
            ⎱ ½ der Soz.-Vers.  200,— DM    300,— DM        ❷
                                              2700,— DM Nettolöhne ❶
 Betriebsanteile zur Soz.-Vers. (½)          200,— DM            ❸
```

1. F a l l : Sowohl Nettolöhne als auch Abzüge und Betriebsanteile werden sofort bar bezahlt.

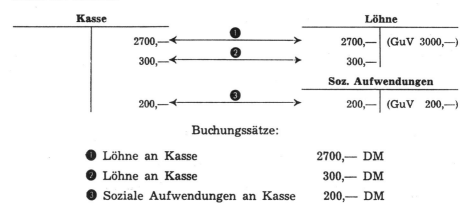

Buchungssätze:

❶ Löhne an Kasse                 2700,— DM
❷ Löhne an Kasse                  300,— DM
❸ Soziale Aufwendungen an Kasse   200,— DM

2. F a l l : Während die Nettolöhne bar auszuzahlen sind, werden die Abzüge und Betriebsanteile an das Finanzamt bzw. an die Krankenkasse erst später bezahlt und deshalb diesen Konten — oft auch auf einem Sammelkonto „**Sonstige Verbindlichkeiten**" — vorerst gutgeschrieben.

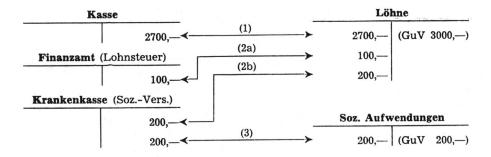

Buchungssätze:

(1) Löhne an Kasse  2700,— DM
(2a) Löhne an Finanzamt  100,— DM
(2b) Löhne an Krankenkasse  200,— DM
(3) Soziale Aufwendungen an Krankenkasse  200,— DM

Bei späterer Bezahlung der Abzüge und Betriebsanteile gleichen sich die Konten „Finanzamt" und „Krankenkasse" aus durch die Buchungen:

Finanzamt und Krankenkasse (= Sonstige Verbindlichkeiten) an Kasse (bzw. Bank, Postscheck).

Sind diese Beträge für Finanzamt und Krankenkasse beim Bücherabschluß aber noch nicht bezahlt, so schließen wir die beiden Konten — bzw. das eine Konto „Sonstige Verbindlichkeiten" — auf die Bilanz ab, wo sie, als Schuldposten, auf die Passivseite zu stehen kommen.

## Übungsaufgabe

Nettolohn (Auszahlung) 3910,— DM; Abzüge: Lohnsteuer 320,— DM, Sozialversicherung 270,— DM; Betriebsanteile zur Sozialversicherung 270,— DM.

Welche Buchungen sind vorzunehmen, wenn ein Konto „Sonstige Verbindlichkeiten" geführt wird und die Abzüge sowie Betriebsanteile bei Geschäftsschluß noch nicht bezahlt sind?

**Lösung**

Buchungssätze:

| | |
|---|---|
| Löhne an Kasse | 3910,— |
| Löhne an Sonstige Verbindlichkeiten | 320,— |
| Löhne an Sonstige Verbindlichkeiten | 270,— |
| Soziale Aufwendungen an Sonstige Verbindlichkeiten | 270,— |
| GuV an Löhne | 4500,— |
| GuV an Soziale Aufwendungen | 270,— |
| Sonstige Verbindlichkeiten an Bilanz | 860,— |

## 19. Geschäftsgang Nr. 11

*Neu: Lohnbuchführung*

| Aktiva | Eröffnungsbilanz | | Passiva |
|---|---|---|---|
| Kasse | 1 090,— | Verbindlichkeiten | 5 330,— |
| Bank | 3 620,— | Schuldwechsel | 1 690,— |
| Postscheck | 850,— | Sonstige Verbindlichkeiten | 280,— |
| Besitzwechsel | 1 300,— | (darunter 70,— DM noch zu | |
| Forderungen | 4 260,— | zahlende Gewerbesteuer) | |
| Zweifelhafte Forderungen | 700,— | Kapital | 30 000,— |
| Waren | 19 800,— | | |
| Büroeinrichtung | 1 500,— | | |
| Lieferwagen | 4 000,— | | |
| Aktive RA (im voraus gez. Miete) | 180,— | | |
| | 37 300,— | | 37 300,— |

Geschäftsvorfälle

1. Auflösung der aktiven RA:
   Miete an Aktive RA    180,—

2. Warenverkauf gegen Wechsel einschl. 10 % USt    3234,—

3. Verkauf von Einrichtungsgegenständen, bar zum Buchwert
   einschl. 10 % USt    110,—

4. Postscheckübeweisungen für Lohnsteuer und Sozialversicherung aus dem vergangenen Geschäftsjahr an Finanzamt
   und Krankenkasse    210,—

5. Privatentnahmen: bar    350,—
               Waren einschl. 10 % USt    88,—

6. Wareneinkauf gegen Weitergabe v. Wechseln einschl. 10 % USt    2 750,—

7. Banküberweisung von Gewerbesteuer    165,—
   (davon waren 70,— DM rückständig)

8. Warenverkauf, bar, einschl. 10 % USt    7 590,—

9. Akzepteinlösung, bar    1 690,—

10. Lohn- und Gehaltszahlung: brutto    1200,— DM
    ∕. {Lohnsteuer    90,— DM
        Sozialversicherung    160,— DM    250,— DM    950,—
    Betriebsanteil an Sozialversicherung    160,—

11. Barzahlung an Lieferanten    3300,— DM
    ∕. 2 % Skonto    66,— DM    3 234,—

12. Unsere Mietzahlung durch Banküberweisung    500,—

13. Lieferant gewährt auf Grund unserer Beanstandung einen
    Preisnachlaß von    66,—

14. Reise- und Werbekosten bar einschl. 2,— DM USt    55,—
15. Postscheküberweisung von Kunden    1760,— DM
    ./. 5 % Rabatt    88,— DM    1 672,—
16. Verschiedene Geschäftskosten; Bezahlung durch Bankscheck
    (darin 15,— DM USt)    335,—
17. Barzahlung des letzten Lohnsteuerabzugs ans Finanzamt    90,—

Abschlußangaben

1. Noch zu zahlender Lohn 95,— DM.
2. Im voraus bezahlte Miete 100,— DM.
3. Warenendbestand 16 713,— DM.
4. Wahrscheinlicher Ausfall zweifelhafter Forderungen 330,— DM.
5. Abschreibungen (direkt): Büroeinrichtung 15 %, Lieferwagen 20 % vom Buchwert.
6. Gutschrift von Bankzinsen 19,— DM.

## Lösung

| Aktiva | | Schlußbilanz | Passiva |
|---|---|---|---|
| Kasse | 2 421,— | Verbindlichkeiten | 1 964,— |
| Bank | 2 639,— | Sonst. Verbindlichkeiten | 415,— |
| Postscheck | 2 312,— | Wertber. a. Forderungen | 300,— |
| Besitzwechsel | 1 784,— | Umsatzsteuer | 984,— |
| Forderungen | 2 500,— | Kapital | 30 151,— |
| Zweifelh. Forderungen | 700,— | | |
| Vorsteuer | 255,— | | |
| Waren | 16 713,— | | |
| Büroeinrichtung | 1 190,— | | |
| Lieferwagen | 3 200,— | | |
| Aktive RA | 100,— | | |
| | 33 814,— | | 33 814,— |

| Löhne und Gehälter | | | | Sonstige Verbindlichkeiten | | | |
|---|---|---|---|---|---|---|---|
| Kasse | 950,— | GuV | 1 295,— | Postscheck | 210,— | E-Bilanz | 280,— |
| Sonst. Verb. | 250,— | | | Bank | 70,— | Löhne u. Geh. | 250,— |
| Sonst. Verb. | 95,— | | | S-Bilanz | 415,— | Soz. Aufw. | 160,— |
| | | | | | | Löhne u. Geh. | 95,— |
| | 1 295,— | | 1 295,— | | 785,— | | 785,— |

| Soziale Aufwendungen | | | |
|---|---|---|---|
| Sonst. Verb. | 160,— | GuV | 160,— |
| | 160,— | | 160,— |

**Übungsaufgabe**

Eröffnung des nächsten Geschäftsganges mit den Zahlen der Schlußbilanz von Geschäftsgang Nr. 11.

Geschäftsvorfälle

1. Banküberweisung der Umsatzsteuer — 729,—
2. Auflösung der aktiven Rechnungsabgrenzung
3. Wechseldiskontierung bar — 1300,— DM
   ./. Diskont — 14,— DM — 1 286,—
4. Zahlung des Lohnrückstandes mit Bankscheck — 95,—
5. Warenverkauf bar einschl. 10 % USt — 4 180,—
6. Postschecküberweisung der Sozialversicherung des vergangenen Jahres — 320,—
7. Wareneinkauf auf Ziel einschl. 10 % USt — 2 970,—
8. Bezahlung von Reparaturkosten mit Bankscheck (Geschäftskosten) einschl. 10 % USt — 121,—
9. Lieferant zieht mehrere Wechsel auf uns — 2 970,—
10. Warenverkauf auf Ziel einschl. 10 % USt — 5 588,—
11. Postschecküberweisung an Lieferant — 1100,— DM
    ./. Nachlaß — 44,— DM — 1 056,—
    (Berichtigung der Vorsteuer = $^1/_{11}$ von 44,— DM = 4,— DM!)
12. Privatentnahme vom Bankkonto — 435,—
13. Lohnzahlung: brutto — 1 580,— DM
    ./. { Lohnsteuer — 92,— DM
         Sozialversicherung — 185,— DM — 277,— DM bar 1 303,—
    Betriebsanteil an der Sozialversicherung — 185,—
14. Kauf einer Büromaschine bar einschl. 10 % USt — 1 100,—
15. Kunden bezahlen Rechnungen über — 2 650,— DM
    davon mit Wechseln — 1 000,—
    durch Banküberweisung — 1 650,— DM
    ./. 2 % Skonto — 33,— DM — 1 617,—
16. Banküberweisung des letzten Lohnsteuerabzuges — 92,—
17. Eine zweifelhafte Forderung geht bar ein — 140,—
18. Akzepteinlösung durch Bank — 970,—
19. Postschecküberweisung von Betriebsteuern — 305,—
20. Verschiedene Geschäftskosten bar einschl. 75,— DM USt — 825,—

Abschlußangaben

1. Kassenendbestand 4 782,— DM (Fehlbetrag abschreiben!).
2. Noch zu erhaltende Bankzinsen 21,— DM.

3. Vermuteter Ausfall von zweifelhaften Forderungen insgesamt 440,— DM. (Also ist die vorhandene Wertberichtigung auf 400,— DM zu erhöhen.)
4. Warenendbestand: 15 829,— DM.
5. Noch zu zahlende Miete 400,— DM.
6. Abschreibungen (direkt): Büroeinrichtung 15 %, Lieferwagen 20 % vom Buchwert.

**Lösung**

| Aktiva | Schlußbilanz | | Passiva |
|---|---|---|---|
| Kasse | 4 782,— | Verbindlichkeiten | 864,— |
| Bank | 1 814,— | Schuldwechsel | 2 000,— |
| Postscheck | 631,— | Sonstige Verbindlichkeiten | 770,— |
| Besitzwechsel | 1 484,— | Wertber. a. Forderungen | 400,— |
| Forderungen | 5 438,— | Umsatzsteuer | 885,— |
| Zweifelh. Forderungen | 560,— | Kapital | 30 513,50 |
| Vorsteuer | 452,— | | |
| Sonstige Forderungen | 21,— | | |
| Waren | 15 829,— | | |
| Büroeinrichtung | **1 861,50** | | |
| Lieferwagen | 2 560,— | | |
| | **35 432,50** | | **35 432,50** |

## 20. Kontenrahmen und Kontenpläne

### a) Bedeutung in der Praxis

Es liegt im Wesen der Sache, daß jeder Buchführung ein ganz bestimmter, auf die speziellen Betriebsbedürfnisse abgestellter Plan zugrunde liegen muß, auch wenn es keinerlei Vorschriften darüber gäbe. Die seit dem Erlaß vom 11. November 1937 für die einzelnen Wirtschaftsgruppen vorgeschriebenen Kontenrahmen haben deshalb in der Praxis eine immer größere Verbreitung und positivere Beurteilung gefunden. Man hat die Erfahrung gemacht, daß die vielseitigen Buchführungs- und Abschlußarbeiten bei Benutzung einer einheitlichen Kontensystematik bedeutend erleichtert werden.

### b) Wesen, Aufbau, Hauptmerkmale

Alle diese Kontenrahmen sind nach der Dezimalklassifikation (Deweysches System) aufgebaut. Der gesamte Stoff wird sowohl horizontal als auch vertikal in je zehn Abteilungen mit den Anfangsziffern 0 bis 9 zerlegt, wobei durch weitere Unterteilungen beliebig viele Einzeltitel geschaffen werden können. In Richtung vom Allgemeinen auf das Besondere unterscheidet man:

1. Konten k l a s s e n : einstellige Ziffern (0—9),
2. Konten g r u p p e n : zweistellige Ziffern (00—99),
3. Konten a r t e n : dreistellige Ziffern (000—999).

Hauptgesichtspunkte bei der Aufstellung von Kontenrahmen:

(1) Schon die Kontenklassen weisen grundsätzlich eine scharfe Trennung in B e s t a n d s k o n t e n (Konten der Klassen 0, 1 und 3, beim IKR — vgl. unten — der Klassen 0—4) und E r f o l g s k o n t e n (Konten der Klassen 2, 4—7 und 8, beim IKR der Klassen 5—7) auf; dazu kommen noch die in der Klasse 9 (IKR: Klasse 8) untergebrachten A b s c h l u ß konten (GuV-Konto, Bilanzkonto u. a.).

(2) Unter den K o s t e n k o n t e n werden diejenigen Aufwendungen, die regelmäßig in Erscheinung treten (Personalkosten, Miete, Steuern, Abschreibungen, allgemeine Verwaltungskosten usw.), abgesondert von den „außerordentlichen und betriebsfremden Aufwendungen und Erträgen" (Klasse 2: Abgrenzungskonten, beim IKR Kontengruppen in Klasse 9).

### c) Kontenrahmen und Kontenpläne

Die Konten r a h m e n geben — wie schon der Name besagt — den grundsätzlichen und verpflichtenden Rahmen ab für die Aufstellung der einzelnen, den besonderen Betriebszwecken angepaßten Konten p l ä n e , wobei einige Konten unbenutzt bleiben, andere zusätzlich neu eingerichtet werden können. Alle speziellen Kontenpläne der verschiedenen Branchen müssen sich aber — auch hinsichtlich der Kontenbezeichnungen — eindeutig in den allgemeinen Rahmen einfügen.

Die wichtigsten Kontenrahmen sind der Kontenrahmen für den Einzelhandel, für den Großhandel, für den Fertigungsbetrieb, der Gemeinschaftskontenrahmen der Industrie (GKR) sowie der Industrie-Kontenrahmen (IKR). (Vgl. auch die Kontenrahmen im Anhang.) Zum IKR bringen wir keinen Geschäftsgang, da er vorläufig noch wenig Bedeutung hat (vgl. auch die Vorbemerkungen im Anhang, S. 173).

## 21. Der Kontenrahmen für den Einzelhandel

Seine wichtigsten Konten und Eigentümlichkeiten sind:

**in Klasse 0**
(Anlage- und Kapital- oder ruhende Konten)

00 Bebaute Grundstücke (Gebäude)

02 Maschinen, masch. Anlagen, Werkzeuge und Transporteinrichtungen
(z. B. Lieferwagen)

03 Betriebs- und Geschäftsausstattung
(z. B. Laden- und Lagereinrichtung, Büromaschinen)

07 Langfristige Verbindlichkeiten
(z. B. Darlehen und Hypotheken; sind beide Konten nötig, so erhalten sie etwa die Nummern 070 und 071)

08 Kapital (und Rücklagen)

09 Wertberichtigungen (z. B. auf Forderungen, auf Anlagen), Rückstellungen, Posten der Jahresabgrenzung (z. B. 090 aktive, 091 passive Posten)

**in Klasse 1**
(Finanzkonten)

10 Kasse
(z. B. Hauptkasse 100; Portokasse 101, abzuschließen auf 100)

11 Postscheck und Landeszentralbank (110 und 111)

12 Banken und Sparkassen

13 Besitzwechsel, Schecks und sonstige Wertpapiere

14 Forderungen (aus Warenlieferungen und Leistungen) = Sammelkonto für alle Kunden (Debitoren)
Für zweifelhafte Forderungen (Dubiose) errichtet man gegebenenfalls ein besonderes Konto 141 oder 149

15 Sonstige kurzfristige Forderungen, insbesondere Vorsteuer 155

16 Verbindlichkeiten (aus Warenlieferungen und Leistungen) = Sammelkonto für alle Lieferanten (Kreditoren)

17 Schuldwechsel (Akzepte)

18 Sonstige kurzfristige Verbindlichkeiten, insbesondere für noch abzuführende Beträge an Lohnsteuer (Konto Finanzamt 180) und an Sozialversicherung (Konto Krankenkasse 181), Umsatzsteuer 185

19 Privatkonten
Abschluß auf Kapitalkonto

### in Klasse 2
(Abgrenzungskonten; Abschluß auf Konto 90)

20 Außerordentliche und betriebsfremde Aufwendungen
z. B. Verluste aus Schadensfällen

21 Außerordentliche und betriebsfremde Erträge
z. B. aus Verkäufen von bereits abgeschriebenen Einrichtungsgegenständen

22 Haus-Aufwendungen und -Erträge
z. B. Reparaturen, Abschreibungen, Hypothekenzinsen

### in Klasse 3
(Wareneinkaufskonten)

30 (bis 36) Wareneinkäufe (netto; reine Einkaufspreise)

37 Warenbezugs- und Nebenkosten
(z. B. Fracht- und Rollgeld, Verpackung, Zoll)
Abschluß auf Konto 30
(Erhöhung der Einkaufspreise!)

38 Nachlässe
(= Einkaufs-, Lieferantenskonti)
Abschluß auf Konto 30
(Verminderung der Einkaufspreise!)

### in Klasse 4
(Konten der Kostenarten)

40 Personalkosten (Löhne und Gehälter)
Für die Betriebsanteile an der Sozialversicherung ist zweckmäßigerweise ein besonderes Konto 401 „Ges. soz. Aufwendungen" zu errichten

41 Miete (oder Mietwert)

42 Sachkosten für Geschäftsräume
(insbesondere Heizung, Beleuchtung, Reinigung)

43 Betriebsteuern
z. B. Gewerbesteuern, Beiträge zu Berufsverbänden

44 Werbekosten

46 Zinsen
Hier sind auch Diskontkosten zu buchen; Hypotheken- und Darlehenszinsen sowie Zinserträge gehören jedoch in Klasse 2

47 Abschreibungen
auf Einrichtungsgegenstände, Lieferwagen, uneinbringliche Forderungen; f. Gebäudeabschreibungen jedoch kommt Konto 22 in Betracht

48 Verschiedene (sonstige) Geschäftskosten

### Klasse 5—7 frei

### in Klasse 8
(Erlöskonten)

80 (bis 88) Warenverkäufe

89 Erlösschmälerungen
(Verkaufs-, Kundenskonti, Gutschriften)
(Abschluß auf Konto 80)
(Verminderung der Verkaufspreise!)

### in Klasse 9

90 Abgrenzungssammelkonto
Es nimmt die Salden der Abgrenzungskonten (Klasse 2) auf und wird auf GuV-Konto abgeschlossen

93 Gewinn- und Verlust-Konto

94 Schlußbilanzkonto

## 22. Geschäftsgang Nr. 12
### nach dem Kontenrahmen für den Einzelhandel

*Neu: Abgrenzungskonten Klasse 2*

| Aktiva | Eröffnungsbilanz | | Passiva |
|---|---|---|---|
| 000 Gebäude | 35 000,— | 070 Hypothek | 10 000,— |
| 030 Geschäftsausstattung | 4 500,— | 080 Kapital | 40 000,— |
| 091 Aktive Rechnungsabgrenzung (Lohnvorschüsse) | 200,— | 120 Bank | 1 100,— |
| 100 Kasse | 1 620,— | 160 Verbindlichkeiten | 6 450,— |
| 110 Postscheck | 950,— | 170 Schuldwechsel | 2 000,— |
| 130 Besitzwechsel | 2 310,— | 186 Sonst. kurzfr. Verbindl.[1] | 450,— |
| 140 Forderungen | 1 840,— | | |
| 300 Waren | 13 580,— | | |
| | 60 000,— | | 60 000,— |

[1] Darin enthalten: Lohnsteuer und Sozialversicherung 150,— DM, noch zu zahlende Hypothekenzinsen 300,— DM. Für jede einzelne Verbindlichkeit könnte auch ein eigenes Konto geführt werden.

Sonstige Konten

| | |
|---|---|
| 155 Vorsteuer | 420 Sachkosten für Geschäftsräume (Heizung und Beleuchtung) |
| 185 Umsatzsteuer | |
| 190 Privat | 430 Betriebsteuern |
| 200 Außerordentliche und betriebsfremde Aufwendungen | 460 Zinsen und Diskont |
| | 470 Abschreibungen |
| 210 Außerordentliche und betriebsfremde Erträge | 480 Sonstige Geschäftskosten |
| | 800 Warenverkauf |
| 220 Hausaufwendungen und -erträge | 890 Erlösschmälerungen (Kundenskonti) |
| 370 Warenbezugskosten | |
| 380 Nachlässe (Lieferantenskonti) | 900 Abgrenzungssammelkonto |
| 400 Löhne und Gehälter | 930 Gewinn- und Verlustkonto |
| 401 Gesetzliche soziale Aufwendungen | 940 Schlußbilanzkonto |

Geschäftsvorfälle

1. Auflösung der aktiven Rechnungsabgrenzung:
   Konto 400 an Konto 091 — 200,—

2. Postscheküberweisung der rückständigen Lohnsteuer und Sozialversicherung — 150,—

3. Barzahlung der rückständigen Hypothekenzinsen — 300,—

4. Warenverkäufe:
   bar einschl. 620,— DM USt — 6 820,—
   auf Ziel einschl. 146,— DM USt — 1 606,—

5. Barzahlung an Lieferanten — 3 300,—
   ./. 3 % Skonto — 99,—
   — 3 201,—

6. Mieteinnahme auf Bankkonto (Konto 120 an Konto 220) — 400,—

7. Verkauf einer (buchhalterisch!) bereits völlig abgeschriebenen Schreibmaschine, bar (außerordentlicher Ertrag!)
   einschl. 10,— DM USt — 110,—

8. Diskontierung eines Wechsels bei der Bank — 1 910,—
   ./. Diskont — 10,—
   Wir erhalten Gutschrift über — 1 900,—

9. Überweisung von Gewerbesteuer durch Postscheck — 290,—

10. Banküberweisung von Kunden — 1 650,—
    ./. 2 % Skonto — 33,—
    — 1 617,—

11. Lohnzahlung brutto — 800,—
    ./. Abzüge (Lohnsteuer und Sozialversicherung) — 120,—
    netto bar — 680,—
    Betriebsanteile an der Sozialversicherung — 70,—

12. Heizungs- und Beleuchtungskosten, einschl. 16,— DM USt; davon ¼ für Privatwohnung; Bezahlung durch Bankscheck    176,—

    Konto 420: 120,— DM  
    Konto 190:  40,— DM  } an Kto. 120: 176,— DM  
    Konto 155:  16,— DM  

    Konto 190 an Konto 185: 4,— DM (Eigenverbrauch!)

13. Wareneinkauf auf Ziel einschl. 275,— DM USt    3 025,—  
    Bezugskosten dafür bar einschl. 8,— DM USt    88,—
14. Einlösung eines Schuldwechsels, bar    1 300,—
15. Verlust an Waren durch Diebstahl (außerordentliche Aufwendung!)    110,—
16. Privatentnahme bar    400,—
17. Verschiedene Geschäftskosten, bar, einschl. 5,— DM USt    130,—

Abschlußangaben

1. Gutschrift von Bankzinsen 5,— DM.
2. Abschreibungen (direkt): Gebäude 1 %, Geschäftsausstattung 10 %.
3. Warenendbestand 11 780,— DM.
4. Noch zu zahlende Hypothekenzinsen 300,— DM.
5. Im voraus gezahlter Lohn 90,— DM.

Die Konten 370 und 380 auf Wareneinkaufskonto (300), Konto 890 auf Warenverkaufskonto (800), die Konten der Klasse 2 auf Abgrenzungssammelkonto (900) abschließen!

**Lösung**

| 155 Vorsteuer | | | |
|---|---|---|---|
| 120 Bank | 16 | 380 Lf.-Skonti | 9 |
| 160 Verbindl. | 275 | 940 S-Bilanz | 295 |
| 100 Kasse | 8 | | |
| 100 Kasse | 5 | | |
| | 304 | | 304 |

| 185 Umsatzsteuer | | | |
|---|---|---|---|
| 890 Kd.-Skonti | 3 | 100 Kasse | 620 |
| 940 S-Bilanz | 777 | 140 Forderungen | 146 |
| | | 100 Kasse | 10 |
| | | 190 Priv. | 4 |
| | 780 | | 780 |

| Soll | 930 Gewinn- und Verlustkonto | | Haben |
|---|---|---|---|
| 400 Löhne und Gehälter | 910,— | 800 Warenverkauf | 3 200,— |
| 401 Ges. soz. Aufwendungen | 70,— | | |
| 420 Sachkosten für Geschäftsräume | 120,— | | |
| 430 Betriebsteuern | 290,— | | |
| 460 Zinsen und Diskont | 5,— | | |
| 470 Abschreibungen | 450,— | | |
| 480 Sonstige Geschäftskosten | 125,— | | |
| 900 Abgrenzungssammelkonto | 260,— | | |
| 080 Kapital | 970,— | | |
| | 3 200,— | | 3 200,— |

| Aktiva | Schlußbilanz | | Passiva |
|---|---|---|---|
| 000 Gebäude | 34 650,— | 070 Hypothek | 10 000,— |
| 030 Geschäftsausstattung | 4 050,— | 080 Kapital | 40 526,— |
| 091 Aktive Rechnungs- | | 160 Verbindlichkeiten | 6 175,— |
| abgrenzung | 90,— | 170 Schuldwechsel | 700,— |
| 100 Kasse | 2 451,— | 185 Umsatzsteuer | 777,— |
| 110 Postscheck | 510,— | 186 Sonstige kurzfristige | |
| 120 Bank | 2 646,— | Verbindlichkeiten | 490,— |
| 130 Besitzwechsel | 400,— | | |
| 140 Forderungen | 1 796,— | | |
| 155 Vorsteuer | 295,— | | |
| 300 Waren | 11 780,— | | |
| | 58 668,— | | 58 668,— |

**Übungsaufgabe**

| Aktiva | Eröffnungsbilanz | | Passiva |
|---|---|---|---|
| 00 Gebäude | 25 000,— | 07 Darlehen | 4 000,— |
| 03 Betriebs- und | | 08 Kapital | 30 000,— |
| Geschäftsausstattung | 1 900,— | 12 Bank | 2 355,— |
| 10 Kasse | 440,— | 16 Verbindlichkeiten | 4 200,— |
| 11 Postscheck | 795,— | 17 Schuldwechsel | 2 050,— |
| 13 Besitzwechsel | 865,— | 186 Sonstige Verbindlichkeiten | |
| 140 Forderungen | 1 625,— | (Finanzamt, Kranken- | |
| 149 Zweifelhafte Forderungen | 300,— | kasse usw.) | 295,— |
| 30 Waren | 11 975,— | | |
| | 42 900,— | | 42 900,— |

Sonstige Konten:

| | | | |
|---|---|---|---|
| 090 | Wertberichtigung a. Fordg. | 41 | Miete |
| 091 | Aktive Rechng.-Abgr. | 42 | Sachkosten f. Geschäftsräume |
| 155 | Vorsteuer | 43 | Betriebsteuern und Beiträge |
| 185 | Umsatzsteuer | 46 | Zinsen und Diskont |
| 19 | Privat | 47 | Abschreibungen |
| 20 | Darlehenszinsen | 48 | Sonstige Geschäftskosten |
| 21 | Außerordentliche Erträge | 80 | Warenverkauf |
| 22 | Hausaufwendungen und -erträge | 89 | Erlösschmälerungen |
| 37 | Warenbezugskosten | 90 | Abgrenzungssammelkonto |
| 38 | Nachlässe (Lief.-Skonti) | 93 | Gewinn- und Verlustkonto |
| 400 | Löhne und Gehälter | 94 | Schlußbilanzkonto |
| 401 | Betriebsanteile an der Sozial- | | |
| | versicherung | | |

Geschäftsvorfälle

1. Postscheckübertragung der rückständigen Lohnsteuer und Sozialversicherungsbeiträge   295,—

2. Warenverkauf bar einschl. 510,— DM USt ... 5 610,—
3. Wechseldiskontierung ... 460,— DM
   ./. Diskont ... 8,— DM
   zur Gutschrift ... 452,—
4. Zahlung von Betriebsteuern bar ... 193,—
5. Bezahlung des Industrie- und Handelskammerbeitrages mit Bankbarscheck ... 20,—
6. Warenverkauf auf Ziel einschl. 350,— DM USt ... 3 850,—
7. Überweisung von Darlehenszinsen durch Postscheck ... 160,—
8. Wareneinkauf auf Ziel einschl. 600,— DM USt ... 6 600,—
   Fracht und Rollgeld dafür, bar, einschl. 9,— DM USt ... 99,—
9. Lohn- und Gehaltszahlung: brutto ... 1300,— DM
   ./. Abzüge ... 200,— DM
   bar ... 1 100,—
   Betriebsanteile an der Sozialversicherung ... 150,—
10. Barzahlung an Lieferant ... 3 300,— DM
    ./. 2 % Skonto ... 66,— DM ... 3 234,—
11. Verkauf einer Schreibmaschine, die noch mit 100,— DM zu Buch steht (Konto 03), bar, einschl. 18,— DM USt ... 198,—
    (Konto 100: 198,— DM an Konto 03: 100,— DM, Konto 21: 80,— DM und Konto 185: 18,— DM)
12. Privatentnahme bar ... 300,—
13. Banküberweisung von Kunden ... 1 980,— DM
    ./. 2½ % Skonto ... 49,50 DM ... 1 930,50
14. Geschäftskosten bar einschl. 19,— DM USt ... 309,—
15. Barzahlung der Lebensversicherungsprämie für den Geschäftsinhaber ... 65,—
16. Einlösung eines Schuldwechsels durch die Bank ... 550,—
17. Barzahlung von Heizmaterial und elektr. Strom für Geschäftsräume einschl. 12,— DM USt ... 132,—

Abschlußangaben

1. Mietwert der Geschäftsräume im eigenen Haus 960,— DM (Konto 41 an Konto 22!).
2. Noch zu zahlende Darlehenszinsen 80,— DM.
3. Im voraus gezahlte Feuerversicherung (Konto 48) 15,— DM.
4. Wahrscheinlicher Wert der zweifelhaften Forderungen 80,— DM (200,— DM — nur Entgeltanteil! — indirekt abschreiben).
5. Lastschrift von Bankzinsen 7,— DM.
6. Abschreibungen (direkt): Gebäude 1 % (Konto 22!), Betriebs- und Geschäftsausstattung 10 % vom Buchwert.
7. Warenbestand 13 589,— DM.

**Lösung**

| Aktiva | | Schlußbilanz | | Passiva |
|---|---|---|---|---|
| 00 | Gebäude | 24 750,— | 07 Darlehen | 4 000,— |
| 03 | Betriebs- und Geschäfts- | | 08 Kapital | 30 911,— |
| | ausstattung | 1 620,— | 090 Wertber. a. Ford. | 200,— |
| 091 | Aktive Rechng.-Abgr. | 15,— | 12 Bank | 549,50 |
| 10 | Kasse | 816,— | 16 Verbindlichkeiten | 7 500,— |
| 11 | Postscheck | 340,— | 17 Schuldwechsel | 1 500,— |
| 13 | Besitzwechsel | 405,— | 185 Umsatzsteuer | 873,50 |
| 140 | Forderungen | 3 495,— | 186 Sonstige Verbindlichkeiten | 430,— |
| 149 | Zweifelhafte Forderungen | 300,— | | |
| 155 | Vorsteuer | 634,— | | |
| 30 | Waren | 13 589,— | | |
| | | 45 964,— | | 45 964,— |

## 23. Der Kontenrahmen für den Großhandel

Während die Klasse 0 (Anlage- und Kapitalkonten) fast genau dieselbe Gliederung aufweist wie beim Einzelhandelskontenrahmen, weicht der Aufbau der anderen Klassen — bedingt durch die besonderen Bedürfnisse des Großhandels — mehr oder weniger davon ab:

Die **Finanzkonten der Klasse 1** werden in anderer Reihenfolge und Zusammenstellung gebracht, z. B. 10 Forderungen, 12 Wertpapiere, 15 Zahlungsmittel, 16 Privatkonten, 17 Verbindlichkeiten.

Die **Klasse 2 der Abgrenzungskonten** ist weiter aufgeteilt in besondere Kontengruppen für Zinsaufwendungen (21), Ertrag- und Vermögensteuern (22), Zinserträge (28) usw.

Bei den **Wareneinkaufskonten der Klasse 3** sind jeweils Unterkonten für „Frachten und sonstige Beschaffungsspesen" (304) usw. vorgesehen.

**Skonti und Boni** (letztere sind nachträglich vom Jahresumsatz gewährte Mengenrabatte usw.) bilden eine besondere **Klasse 4** und werden direkt auf Gewinn- und Verlustkonto abgeschlossen.

Die **Konten der Kostenarten in Klasse 5** weisen auch einige Besonderheiten auf; z. B. finden wir da die speziellen Kontengruppen „Nebenkosten des Finanz- und Geldverkehrs" (53), „Provisionen" (55) und „Kosten des Fuhr- und Wagenparks" (57).

Die **Klasse 8 der Warenverkaufskonten** hat besondere Unterkonten für „Retouren und Gutschriften" (801).

In **Klasse 9 der Abschlußkonten** ist zwar kein „**Abgrenzungssammelkonto**" vorgesehen, es kann aber selbstverständlich ebenfalls eingerichtet werden.

## 24. Geschäftsgang Nr. 13

### nach dem Kontenrahmen für den Großhandel

| Aktiva | Eröffnungsbilanz | | Passiva |
|---|---|---|---|
| 000 Gebäude | 60 000,— | 070 Hypothek | 20 000,— |
| 020 Fuhrpark | 8 000,— | 080 Kapital | 80 000,— |
| 030 Betriebs- und Geschäftsausstattung | 3 000,— | 091 Wertberichtigung a. Fordg. | 400,— |
| | | 170 Verbindlichkeiten | 13 900,— |
| 100 Forderungen | 12 380,— | 180 Schuldwechsel | 5 700,— |
| 109 Zweifelhafte Forderungen | 1 320,— | | |
| 130 Bank | 6 600,— | | |
| 140 Besitzwechsel | 3 400,— | | |
| 150 Kasse | 1 950,— | | |
| 151 Postscheck | 750,— | | |
| 300 Waren | 22 600,— | | |
| | 120 000,— | | 120 000,— |

Sonstige Konten:

| | |
|---|---|
| 090 Wertber. a. Anlagen | 501 Soziale Aufwendungen |
| 092 Rückstellungen | 510 Sachkosten für Geschäftsräume |
| 115 Vorsteuer | 520 Betriebsteuern |
| 160 Privat | 530 Bankspesen |
| 195 Umsatzsteuer | 570 Fuhrparkkosten |
| 196 Sonstige Verbindlichkeiten | 580 Allgem. Verwaltungskosten |
| 210 Zinsaufwendungen | 590 Abschreibungen auf Anlagen |
| 230 Hausaufwendungen | 591 Abschreibungen auf Forderungen |
| 290 Hauserträge | 800 Warenverkauf |
| 304 Eingangsfrachten | 801 Retouren und Gutschriften |
| 410 Kundenskonti | 930 Gewinn- und Verlustkonto |
| 480 Lieferantenskonti | 940 Schlußbilanzkonto |
| 500 Löhne und Gehälter | |

Geschäftsvorfälle

1. Banküberweisung an Lieferant     7920,— DM
   ./. 2½ % Skonto     198,— DM     7 722,—
2. Warenverkäufe: bar einschl. 10 % USt     10 230,—
   auf Ziel einschl. 10 % USt     6 655,—
3. Verschiedene Geschäftskosten, bar, einschl. 30,— DM USt     465,—
4. Wechseldiskontierung     1000,— DM
   ./. Diskont     10,— DM
   zur Gutschrift     990,—
5. Mieteinnahme auf Postscheckkonto     600,—
6. Einlösung eines Schuldwechsels durch Bank     2 600,—
7. Wareneinkauf gegen Weitergabe eines Wechsels, einschl. 10 % USt     2 200,—

8. Lohnzahlung, brutto  1200,— DM
   ./. Abzüge  230,— DM
   netto, bar  970,—
   Betriebsanteile an der Sozialversicherung  80,—
9. Kunde sendet Wechsel über  4 050,—
   und überweist auf Bank  2750,— DM
   ./. 3 % Skonto  82,50 DM  2 667,50
10. Privatentnahme, bar  1 500,—
11. Überweisung von Steuern durch Postscheck:
    Einkommensteuer  140,—
    Gewerbesteuer  250,—
12. Zahlung von Kosten für Heizung und Beleuchtung durch Bankscheck einschl. 10 % USt  341,—
13. Gutschrift für Mängelrüge des Kunden einschl. 10 % USt  209,—
14. Hypothekentilgung, bar  2 000,—
15. Verlust aus Konkurs eines zweifelhaften Kunden  660,—
    (davon 400,— DM Deckung aus Konto 091)
16. Wareneinkauf, bar, einschl. 10 % USt  5 500,—
    Frachtkosten dafür, bar, einschl. 10 % USt  143,—
17. Benzin- und Reparaturkosten (Lkw), bar, einschl. 10 % USt  154,—

Abschlußangaben

1. Kassenbestand 1418,— DM.
2. Warenendbestand 20 475,— DM.
3. Die Bank belastet uns mit Zinsen 12,— DM, Provision und Spesen 3,— DM.
4. Abschreibungen (indirekt): Haus $1/2$ %, Fuhrpark 20 %, Betriebs- und Geschäftsausstattung $12^{1/2}$ % vom Buchwert.
5. Noch zu zahlende Hypothekenzinsen 600,— DM.
6. Wahrscheinlicher Wert der restlichen zweifelhaften Forderungen 60 % (Konto 091!).
7. Rückstellung für evtl. Steuernachveranlagung 300,— DM (Konto 520 an Konto 092!).

**Lösung**

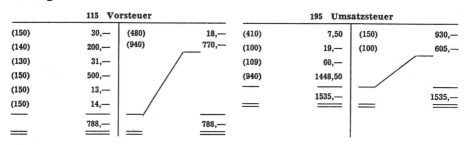

| Soll | 930 Gewinn- und Verlustkonto | | Haben |
|---|---|---|---|
| 150 Kasse | 30,— | 290 Hauserträge | 600,— |
| 210 Zinsaufwendungen | 22,— | 480 Lieferantenskonti | 180,— |
| 230 Hausaufwendungen | 900,— | 800 Warenverkauf | 5 905,— |
| 410 Kundenskonti | 75,— | | |
| 500 Löhne und Gehälter | 1 200,— | | |
| 501 Soziale Aufwendungen | 80,— | | |
| 510 Sachk. f. Geschäftsräume | 310,— | | |
| 520 Betriebsteuern | 550,— | | |
| 530 Bankspesen | 3,— | | |
| 570 Fuhrparkkosten | 140,— | | |
| 580 Allgem. Verwaltungskosten | 435,— | | |
| 590 Abschreibg. Anlagen | 1 975,— | | |
| 591 Abschreibg. Forderungen | 440,— | | |
| 080 Kapital | 525,— | | |
| | 6 685,— | | 6 685,— |

| Aktiva | Schlußbilanz | | Passiva |
|---|---|---|---|
| 000 Gebäude | 60 000,— | 070 Hypothek | 18 000,— |
| 020 Fuhrpark | 8 000,— | 080 Kapital | 78 885,— |
| 030 Betriebs- und Geschäfts- | | 090 Wertber. a. Anlagen | 2 275,— |
| ausstattung | 3 000,— | 091 Wertber. a. Forderungen | 240,— |
| 100 Forderungen | 12 026,— | 092 Rückstellungen | 300,— |
| 109 Zweifelhafte Forderungen | 660,— | 130 Bank | 420,50 |
| 115 Vorsteuer | 770,— | 170 Verbindlichkeiten | 5 980,— |
| 140 Besitzwechsel | 4 250,— | 180 Schuldwechsel | 3 100,— |
| 150 Kasse | 1 418,— | 195 Umsatzsteuer | 1 448,50 |
| 151 Postscheck | 960,— | 196 Sonstige Verbindlichkeiten | 910,— |
| 300 Waren | 20 475,— | | |
| | 111 559,— | | 111 559,— |

**Übungsaufgabe**

| Aktiva | Eröffnungsbilanz | | Passiva |
|---|---|---|---|
| 000 Gebäude | 75 000,— | 070 Hypothek | 35 000,— |
| 020 Fuhrpark | 12 500,— | 080 Kapital | 110 500,— |
| 030 Betriebs- und Geschäfts- | | 090 Wertber. a. Anlagen | 4 275,— |
| ausstattung | 6 500,— | 091 Wertber. a. Forderungen | 900,— |
| 100 Forderungen | 21 850,— | 170 Verbindlichkeiten | 13 365,— |
| 109 Zweifelhafte Forderungen | 1 650,— | 180 Akzepte | 9 160,— |
| 120 Wertpapiere | 4 300,— | | |
| 130 Bank | 6 050,— | | |
| 140 Wechsel | 3 120,— | | |
| 150 Kasse | 2 360,— | | |
| 151 Postscheck | 1 790,— | | |
| 300 Waren | 38 080,— | | |
| | 173 200,— | | 173 200,— |

Sonstige Konten:

| | |
|---|---|
| 093 Aktive Rechnungsabgrenzung | 500 Löhne und Gehälter |
| 115 Vorsteuer | 501 Soziale Aufwendungen |
| 116 Sonstige Forderungen | 510 Sachkosten f. Geschäftsräume |
| 160 Privat | 520 Betriebsteuern |
| 195 Umsatzsteuer | 570 Fuhrparkkosten |
| 196 Sonstige Verbindlichkeiten | 580 Allgemeine Verwaltungskosten |
| 200 Außerordentliche Aufwendungen | 590 Abschreibungen a. Anlagen |
| 210 Zinsaufwendungen | 591 Abschreibungen a. Forderungen |
| 230 Hausaufwendungen | 800 Warenverkauf |
| 290 Hauserträge | 801 Retouren und Gutschriften |
| 304 Eingangsfrachten | 900 Abgrenzungssammelkonto |
| 410 Kundenskonti | 930 Gewinn- und Verlustkonto |
| 480 Lieferantenskonti | 940 Schlußbilanzkonto |

Geschäftsvorfälle

1. Verkauf von Wertpapieren durch die Bank;
   wir erhalten Gutschrift über     1 925,—
2. Warenverkauf, bar einschl. 10 % USt     12 760,—
3. Barzahlung für Reparaturen am Geschäftshaus einschl. 10 % USt     165,—
4. Banküberweisung von 6 % Hypothekenzinsen für 1/2 Jahr     1 050,—
5. Kundenzahlungen: mit Wechseln     7 900,—
   durch Postscheküberweisung     3960,— DM
   ./. 2 % Skonto     79,20 DM     3 880,80
6. Wareneinkäufe: gegen bar einschl. 10 % USt     4400,— DM
   gegen Weitergabe von Wechseln
   einschl. 10 % USt     4290,— DM     8 690,—
   Frachtkosten dafür bar einschl. 10 % USt     335,50
7. Mieteinnahme auf Bankkonto     2 400,—
8. Warenverkauf auf Kredit einschl. 10 % USt     14 850,—
9. Privatentnahmen: vom Postscheckkonto     1 800,—
   in Waren einschl. 10 % USt     445,50
10. Banküberweisung an Lieferant     8800,— DM
    ./. 2 1/2 % Skonto     220,— DM     8 580,—
11. Gehalts- und Lohnzahlung bar: brutto     3420,— DM
    ./. Abzüge bar     380,— DM     3 040,—
    Betriebsanteile an Sozialversicherung bar     210,—
12. Postscheküberweisung für Strom und Heizmaterial
    einschl. 10 % USt     451,—
13. Anschaffung von Einrichtungsgegenständen, bar einschl. 10 % USt     660,—
    (nicht über 800,— DM, sofort abschreiben!)
14. Banküberweisung von Steuern:
    Gewerbesteuer     595,— DM
    Einkommensteuer     170,— DM     765,—

15. Barzahlung für versch. Geschäftskosten einschl. 40,— DM USt    520,—
16. Weitergabe von Wechseln an Lieferant    2 500,—
17. Autoreparatur, Begleichung d. Bankscheck, einschl. 10 % USt    275,—
18. Warenrücksendung von Kunden; wir schreiben gut, einschl. 10 % USt    440,—
19. Akzepteinlösung, bar    2 160,—
20. Benzinkosten, bar einschl. 10 % USt    330,—

Abschlußangaben

1. Von den zweifelhaften Forderungen sind 330,— DM uneinbringlich (300,— DM über Wertberichtigung, 30,— DM über Umsatzsteuer ausbuchen!). Der wahrscheinliche Ausfall bei den restlichen zweifelhaften Forderungen ist ein Drittel. (Noch vorhandene Wertberichtigung = 600,— DM; erforderliche Wertberichtigung = $1/3$ von 1320,— DM ./. USt = 400,— DM. Differenz von 200,— DM über GuV als Ertrag ausbuchen).
2. Abschreibungen (indirekt): 000: $1^{1}/_{2}$ %; 020: 20 %; 030: 700,— DM.
3. Rechnungsabgrenzung:
   Noch zu zahlende Hypothekenzinsen 1050,— DM
   Noch zu erhaltende Miete 600,— DM
   Gegebene Lohnvorschüsse 200,— DM
   Noch nicht gezahlte Gewerbesteuer 90,— DM
4. Die Bank belastet uns mit Zinsen 35,— DM
5. Inventurbestände: Waren 32 145,— DM, Wertpapiere 1930,— DM (Differenz über Kto. 200 ausbuchen).

**Lösung**

| Aktiva | | Schlußbilanz | Passiva |
|---|---|---|---|
| 000 Gebäude | 75 000,— | 070 Hypothek | 35 000,— |
| 020 Fuhrpark | 12 500,— | 080 Kapital | 109 167,50 |
| 030 Betriebs- und Geschäftsausstattung | 6 500,— | 090 Wertbericht. a. Anlagen | 8 600,— |
| 093 Aktive Rechnungsabgr. | 200,— | 091 Wertbericht. a. Fordg. | 400,— |
| 100 Forderungen | 24 400,— | 130 Bank | 330,— |
| 109 Zweifelh. Fordg. | 1 320,— | 170 Verbindlichkeiten | 2 065,— |
| 115 Vorsteuer | 1 011,50 | 180 Akzepte | 7 000,— |
| 116 Sonstige Forderungen | 600,— | 195 Umsatzsteuer | 2 473,30 |
| 120 Wertpapiere | 1 930,— | 196 Sonstige Verbindlichkeiten | 1 140,— |
| 140 Wechsel | 4 230,— | | |
| 150 Kasse | 2 919,50 | | |
| 151 Postscheck | 3 419,80 | | |
| 300 Waren | 32 145,— | | |
| | 166 175,80 | | 166 175,80 |

## 25. Der Kontenrahmen für den Fertigungsbetrieb

### a) Überblick

Kl. 0: Ruhende Konten (Anlage- und Kapitalkonten) (vgl. Einzelhandel);

Kl. 1: Finanzkonten (vgl. Einzelhandel);

Kl. 2: Abgrenzungskonten: u. a. Zinsaufwendungen, Zinserträge, Großreparaturen, Vor- und Nachleistungen (zeitlicher Ausgleich der Kostenarten), Verrechnungsdifferenzen, Abschreibungen (nur bei Verrechnung kalkulatorischer Abschreibungen);

Kl. 3: Konten der Roh-, Hilfs- und Betriebsstoffe; dazu die Konten „Kleinmaterial" und „Bezogene Teile" mit jeweiligen Bezugskosten;

Kl. 4: Konten der Kostenarten: stark spezialisierte Unterteilungen;

Kl. 5: Verrechnungskonten: für Material, Fertigungslöhne, Fertigungs-, Material-, Verwaltungs- und Vertriebsgemeinkosten (Verbindung mit Klasse 4 unter Einschaltung eines Betriebsabrechnungsbogens);

Kl. 6: Eventuell für buchhalterische Kostenstellenrechnung; aus methodischen Gründen wird hier zweckmäßigerweise ein besonderes „Herstellungskonto" geführt, andernfalls wäre das Konto „Halberzeugnisse" (70) im gleichen Sinne zu verwenden;

Kl. 7: Konten der Halb- und Fertigerzeugnisse einschließlich selbsterstellte Anlagen und Werkzeuge sowie werterhöhende Großreparaturen;

Kl. 8: Erlöskonten einschließlich Erlösschmälerungen (wie beim Einzelhandel) und Konto „Handelswaren";

Kl. 9: Abschlußkonten einschließlich Abgrenzungssammelkonto (90).

### b) Kontenzusammenhang

Das Schaubild auf S. 130 über den Kontenzusammenhang zeigt im Mittelpunkt das Herstellungskonto, auch Fabrikations-, Fertigungs- oder Produktionskonto genannt. Es versinnbildlicht gewissermaßen die Fabrik- und Werkstattarbeit und ist einem Automaten vergleichbar, der — im Soll — alles zum Produktionsprozeß Nötige empfängt und es — im Haben — als Fertig- bzw. Halberzeugnisse an die Konten Fertig- und Halberzeugnisse weitergibt.

(1) Aus der E-Bilanz werden die **Anfangsbestände** an Roh-, Hilfs- und Betriebsstoffen sowie an Halb- und Fertigerzeugnissen auf die entsprechenden Konten der Klassen 3 und 7 übertragen.

(2) Der Anfangsbestand an **Halberzeugnissen** (Konto 70) geht dann sofort — zur weiteren Bearbeitung und Fertigstellung — auf Konto Herstellung (60). In vielen Betrieben läßt man das Konto 60 weg und überträgt sofort auf Konten der Klasse 7.

(3) Das Herstellungskonto wird nun im Laufe des Geschäftsjahres außerdem belastet:

a) mit den für die Herstellung notwendigen **Roh-, Hilfs- und Betriebsstoffen** (30, 33, 34); dabei kann der Einzelverbrauch an Hilfs- und Betriebsstoffen erst noch auf einem Zwischenkonto „Hilfs- und Betriebsstoffkosten" (44) gesammelt werden, das dann mit dem auf die Fertigung entfallenden Betrag auf Herstellungskonto abgeschlossen wird (der Hilfs- und Betriebsstoffverbrauch für Lager, Verwaltungs- und Vertriebsabteilungen wird auf Gewinn- und Verlustkonto übertragen);

b) mit allen die Produktionsperiode betreffenden **Fertigungslohnkosten** (Konto 40) einschließlich der sozialen Aufwendungen (Konto 43);

c) mit allen sonstigen anteiligen Aufwendungen für die Herstellung wie Hilfslöhnen, Stromkosten, Abschreibungen auf Fabrikgebäude, Maschinen u. a. Diese „**Gemeinkosten**"-Anteile (aus Klasse 4) werden vielfach mit Hilfe eines „Betriebsabrechnungsbogens" sowie der Verrechnungskonten (Klasse 5) den Erzeugnissen (Kostenträgern) weiterbelastet.

(4) Die neu hergestellten **Fertigerzeugnisse** werden — zum Selbstkostenwert — vom Konto 73 (Fertigerzeugnisse, Fabrikate) übernommen (Buchungssatz: Fertigerzeugnisse an Herstellung).

(5) Der Herstell- oder Selbstkostenwert der **verkauften Erzeugnisse** wird auf das Konto 80 (Verkäufe, Erlöse) übertragen, so daß sich hier Verkaufs- und Selbstkostenpreise der gleichen Waren gegenüberstehen. Der im Soll stehende Saldo stellt dann — ähnlich wie beim Konto Warenverkauf im Handel — den auf Gewinn- und Verlustkonto abzuschließenden Rohgewinn dar.

(6) Der **Saldo** auf Konto Herstellung — nach Abbuchung der ins Fertigerzeugnislager gehenden Produkte (s. Nr. 4) — bedeutet den Endbestand an noch nicht fertigen Erzeugnissen und wird, am besten wieder über das Konto „Halberzeugnisse", auf die Schlußbilanz übertragen, die auch alle übrigen Endbestände an Roh-, Hilfs- und Betriebsstoffen sowie an Fertigerzeugnissen (aus Konto 73) aufnimmt.

Da bei diesem Buchungsgang auf dem Konto 80 nur die Aufwendungen für die in der gleichen Periode **umgesetzten** Erzeugnisse erscheinen, nennt man dieses Verfahren **Umsatzkostenverfahren** (Gegensatz: Gesamtkostenverfahren, vgl. S. 139).

**Kontenzusammenhang nach dem Kontenrahmen für den Fertigungsbetrieb**

### Eröffnungsbilanz

| | |
|---|---|
| Rohstoffe | |
| Hilfsstoffe | |
| Betriebsstoffe | |
| Halberzeugnisse | |
| Fertigerzeugnisse | |

### 30 Rohstoffe

| | |
|---|---|
| Anfangsbestand | Verbrauch |
| + Einkäufe | Endbestand |

### 33 Hilfsstoffe

| | |
|---|---|
| Anfangsbestand | Verbrauch |
| + Einkäufe | Endbestand |

### 34 Betriebsstoffe

| | |
|---|---|
| Anfangsbestand | Verbrauch |
| + Einkäufe | Endbestand |

### 70 Halberzeugnisse

| | |
|---|---|
| Anfangsbestand | Weiterverarbeitung |
| Herstellung | Endbestand |

### 73 Fertigerzeugnisse

| | |
|---|---|
| Anfangsbestand | Endbestand |
| Herstellung | Verkaufte Waren (zum Herstellwert) |

### 60 Herstellung

| | |
|---|---|
| Rohstoffe | Fertigerzeugnisse |
| Hilfsstoffe | Halberzeugnisse |
| Betriebsstoffe | |
| Halberzeugnisse | |
| + Fertigungslöhne | |
| + sonstige Kosten | |
| Gas, Wasser, Strom, | |
| Abschreibungen | |
| auf Maschinen, | |
| auf Fabrikgebäude | |
| usw. | |

### 80 Verkäufe

| | |
|---|---|
| Verkaufte Waren zum Herstellwert | Verkaufte Waren zum Verkaufspreis |
| + Verw.- u. Vertr.-Kosten | |
| = Verkaufte Waren zu Selbstkosten | |
| Saldo: Warengewinn (auf GuV) | |

### Schlußbilanz

| | |
|---|---|
| Rohstoffe | |
| Hilfsstoffe | |
| Betriebsstoffe | |
| Halberzeugnisse | |
| Fertigerzeugnisse | |

## 26. Geschäftsgang Nr. 14

### nach dem Kontenrahmen für den Fertigungsbetrieb

| Aktiva | | Eröffnungsbilanz | | Passiva |
|---|---|---|---|---|
| 000 Fabrikgebäude | 85 000,— | 070 Hypothek | | 30 000,— |
| 002 Bürogebäude | 25 000,— | 072 Darlehen | | 10 000,— |
| 020 Maschinen | 20 000,— | 080 Kapital | | 200 000,— |
| 030 Fuhrpark | 17 000,— | 091 Wertbericht. a. Fordg. | | 1 600,— |
| 040 Werkzeuge | 3 400,— | 160 Verbindlichkeiten | | 12 300,— |
| 041 Betriebs- und Geschäfts-ausstattung | 5 000,— | 170 Schuldwechsel | | 8 100,— |
| 093 Aktive Rechnungs-abgrenzung | 600,— | 186 Sonstige Verbindlichkeiten (Hypothekenzinsen) | | 500,— |
| 100 Kasse | 2 900,— | | | |
| 110 Postscheck | 1 200,— | | | |
| 115 Bank | 7 500,— | | | |
| 120 Wechsel | 3 000,— | | | |
| 140 Forderungen | 13 700,— | | | |
| 149 Zweifelhafte Forderungen | 3 200,— | | | |
| 300 Rohstoffe | 20 900,— | | | |
| 330 Hilfsstoffe | 3 500,— | | | |
| 340 Betriebsstoffe | 1 100,— | | | |
| 700 Halberzeugnisse | 7 200,— | | | |
| 730 Fertigerzeugnisse | 42 300,— | | | |
| | 262 500,— | | | 262 500,— |

Sonstige Konten

| | |
|---|---|
| 155 Vorsteuer | 450 Strom, Gas, Wasser |
| 185 Umsatzsteuer | 460 Abschreibungen auf Anlagen |
| 197 Privat | 461 Abschreibungen auf Forderungen |
| 210 Zinsaufwendungen (Darlehen!) | 470 Steuern |
| 230 Hausaufwendungen (Hypothekenzinsen!) | 480 Verschiedene Kosten |
| | 600 Herstellung |
| 250 Zinserträge (Lieferantenskonti, Bankzinsen) | 800 Verkauf |
| | 850 Erlösschmälerungen (Kundenskonti) |
| 400 Fertigungslöhne | |
| 420 Gehälter | 900 Abgrenzungssammelkonto |
| 430 Soziale Aufwendungen | 930 Gewinn- und Verlustkonto |
| 440 Hilfs- und Betriebsstoffkosten (Verbrauch!) | 940 Schlußbilanzkonto |

Erste Buchungen nach Konteneröffnung

1. Rechnungsabgrenzungsposten auflösen:
   Im voraus gezahlte Fertigungslöhne     450,—
   Im voraus gezahlte Gehälter     150,—
2. Anfangsbestand an Halberzeugnissen auf Herstellkonto übertragen.

Geschäftsvorfälle

1. Einkäufe einschl. 10 % USt: Rohstoffe, auf Ziel 6930,—; Hilfsstoffe, gegen Bankscheck 990,—; Betriebsstoffe, gegen Postschecküberweisung 440,—; Büroeinrichtung, gegen Wechselweitergabe 880,—; 2 Maschinen, bar je 660,—. Einrichtung und Maschinen werden nicht sofort abgeschrieben (dies kann, muß aber nicht geschehen).

2. Verkäufe von Fertigerzeugnissen einschl. 10 % USt: bar 46 200,—; (Herstellwert 27 000,—); auf Ziel 19 800,— (Herstellwert 11 000,—); gegen Wechsel 5500,— (Herstellwert 3000,—).

3. Überweisungen an Lieferanten:
durch Bank                  5500,— DM
./. 2 % Skonto               110,— DM    5 390,—
durch Postscheck                            750,—

4. Überweisungen von Kunden:
auf Bankkonto              14 300,— DM
./. 3 % Skonto               429,— DM   13 871,—
auf Postscheckkonto                       3 300,—

5. Besitzwechsel: Weitergabe an Lieferanten 2500,—; Einlösung durch die Bank 2200,—.

6. Schuldwechsel: Einlösung bar 4300,—.

7. Zweifelhafte Forderungen: uneinbringlich 2200,— (bereits mit 1200,— wertberichtigt — Kto. 091).

8. Verbrauch: Rohstoffe 12 500,—; Hilfsstoffe (Kto. 440) 2100,—; Betriebsstoffe (Kto. 440) 700,—.

9. Lohn- und Gehaltszahlung:
Fertigungslöhne bar 16 000,— (Auszahlung 14 600,—, Abzüge 1400);
Gehälter bar 6500,— (Auszahlung 5800,—, Abzüge 700,—);
Soziale Aufwendungen bar 540,—.
Die Abzüge werden bar abgeführt.

10. Hergestellte Fertigerzeugnisse (Konto 730 an Konto 600!) 43 200,—.

11. Zinszahlungen: Hypothekenzinsen durch Banküberweisung 1350,— (davon 500,— aus Vorjahr); Darlehenszinsen bar 1000,—.

12. Darlehenstilgung durch Banküberweisung 5000,—.

13. Geschäftskosten: Strom, Gas, Wasser bar 881 einschl. 71,— USt (Wasser nur 5 % USt). Betriebssteuern, durch Postscheck 630,—; Verschiedenes bar 1310,— einschl. 110,— USt.

14. Privatentnahmen: bar 2400,—; Fertigerzeugnisse 220,— einschl. 10 % USt.


Abschlußangaben

1. Abschreibungen (direkt): Fabrikgebäude 2 %, Bürogebäude 1 %, Maschinen 15 %, Fuhrpark 20 %, Werkzeuge 25 %, Betriebs- und Geschäftsausstattung 10 %, davon insgesamt 80 % Anteil der Fertigung (Konto Herstellung an Konto Abschreibungen a. Anlagen).

2. Das Herstellkonto wird außer den Löhnen belastet:
   a) mit einem Verbrauch an Hilfs- und Betriebsstoffen von 2300,— (Konto 440!).
   b) mit Gehältern 1300,—; sozialen Aufwendungen 400,—; Strom, Gas, Wasser 630,—; Steuern 220,—; verschiedenen Kosten 410,—. Die restlichen Kosten gehen auf GuV.
3. Gutschrift von Bankzinsen 35,—.
4. Neu entstandene zweifelhafte Forderungen 580,— (wahrscheinlicher Wert 360,—).
5. Noch zu zahlende Betriebsteuern 210,—; im voraus gezahlte Hypothekenzinsen 350,—.
6. Endbestand an Halberzeugnissen; vgl. Saldo auf Herstellkonto (über Konto 700 auf Schlußbilanz!).
7. Endbestände an Roh-, Hilfs-, Betriebsstoffen sowie Fertigerzeugnissen: vgl. Salden!

**Lösung**

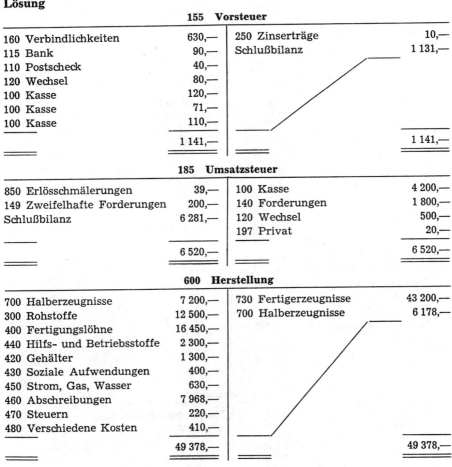

### 700 Halberzeugnisse

| | | | |
|---|---|---|---|
| Eröffnungsbilanz | 7 200,— | 600 Herstellung | 7 200,— |
| 600 Herstellung | 6 178,— | Schlußbilanz | 6 178,— |
| | 13 378,— | | 13 378,— |

### 730 Fertigerzeugnisse

| | | | |
|---|---|---|---|
| Eröffnungsbilanz | 42 300,— | 800 Verkauf | 27 000,— |
| 600 Herstellung | 43 200,— | 800 Verkauf | 11 000,— |
| | | 800 Verkauf | 3 000,— |
| | | 197 Privat | 200,— |
| | | Schlußbilanz | 44 300,— |
| | 85 500,— | | 85 500,— |

### 800 Verkauf

| | | | |
|---|---|---|---|
| 730 Fertigerzeugnisse | 27 000,— | 100 Kasse | 42 000,— |
| 730 Fertigerzeugnisse | 11 000,— | 140 Forderungen | 18 000,— |
| 730 Fertigerzeugnisse | 3 000,— | 120 Wechsel | 5 000,— |
| 850 Erlösschmälerungen | 390,— | | |
| 930 GuV | 23 610,— | | |
| | 65 000,— | | 65 000,— |

### 900 Abgrenzungssammelkonto

| | | | |
|---|---|---|---|
| 210 Zinsaufwendungen | 1 000,— | 250 Zinserträge | 135,— |
| 230 Hausaufwendungen | 500,— | 930 GuV | 1 365,— |
| | 1 500,— | | 1 500,— |

### 930 Gewinn und Verlust

| | | | |
|---|---|---|---|
| 420 Gehälter | 5 350,— | 800 Verkauf | 23 610,— |
| 430 Soz. Aufwendungen | 140,— | | |
| 440 Hilfs- und Betriebsstoffe | 500,— | | |
| 450 Strom, Gas, Wasser | 180,— | | |
| 460 Abschr. a. Anlagen | 1 992,— | | |
| 461 Abschr. a. Forderungen | 1 000,— | | |
| 470 Steuern | 620,— | | |
| 480 Versch. Kosten | 790,— | | |
| 900 Abgrenzungssammelkto. | 1 365,— | | |
| 080 Kapital | 11 673,— | | |
| | 23 610,— | | 23 610,— |

### 080 Kapital

| | | | |
|---|---|---|---|
| 197 Privat | 2 620,— | Eröffnungsbilanz | 200 000,— |
| Schlußbilanz | 209 053,— | 930 GuV | 11 673,— |
| | 211 673,— | | 211 673,— |

**940 Schlußbilanz**

| | | | |
|---|---:|---|---:|
| 000 Fabrikgebäude | 83 300,— | 070 Hypothek | 30 000,— |
| 002 Bürogebäude | 24 750,— | 072 Darlehen | 5 000,— |
| 020 Maschinen | 18 020,— | 080 Kapital | 209 053,— |
| 030 Fuhrpark | 13 600,— | 091 Wertber. a. Fordg. | 600,— |
| 040 Werkzeuge | 2 550,— | 160 Verbindlichkeiten | 10 480,— |
| 041 Betriebs- und Geschäftsausstattung | 5 220,— | 170 Schuldwechsel | 3 800,— |
| 093 Aktive Rechnungsabgrenzung | 350,— | 185 Umsatzsteuer | 6 281,— |
| 100 Kasse | 14 849,— | 186 Sonstige Verbindlichkeiten | 210,— |
| 110 Postscheck | 2 680,— | | |
| 115 Bank | 10 876,— | | |
| 120 Wechsel | 2 920,— | | |
| 140 Forderungen | 15 320,— | | |
| 149 Zweifelhafte Forderungen | 1 580,— | | |
| 155 Vorsteuer | 1 131,— | | |
| 300 Rohstoffe | 14 700,— | | |
| 330 Hilfsstoffe | 2 300,— | | |
| 340 Betriebsstoffe | 800,— | | |
| 700 Halberzeugnisse | 6 178,— | | |
| 730 Fertigerzeugnisse | 44 300,— | | |
| | 265 424,— | | 265 424,— |

Statt direkt auf GuV-Konto können alle nicht die Herstellung, sondern die kaufmännische Verwaltung betreffenden Gemeinkostenanteile (Kl. 4) auch auf die Sollseite des Verkaufskontos abgeschlossen werden. Dann stellt der Saldo auf dem Konto 800 nicht den Roh-, sondern (abgesehen von Minderungen durch das Abgrenzungssammelkonto) den Reingewinn dar. Verkaufs- sowie GuV-Konto sehen dann folgendermaßen aus:

**800 Verkauf**

| | | | |
|---|---:|---|---:|
| 730 | 27 000,— | 100 | 42 000,— |
| 730 | 11 000,— | 140 | 18 000,— |
| 730 | 3 000,— | 120 | 5 000,— |
| 850 | 390,— | | |
| 420 | 5 350,— | | |
| 430 | 140,— | | |
| 440 | 500,— | | |
| 450 | 180,— | | |
| 460 | 1 992,— | | |
| 461 | 1 000,— | | |
| 470 | 620,— | | |
| 480 | 790,— | | |
| 930 GuV | 13 038,— | | |
| | 65 000,— | | 65 000,— |

**930 Gewinn und Verlust**

| | | | |
|---|---:|---|---:|
| 900 | 1 365,— | 800 | 13 038,— |
| 080 | 11 673,— | | |
| | 13 038,— | | 13 038,— |

## Übungsaufgabe

| Aktiva | | Eröffnungsbilanz | | Passiva |
|---|---|---|---|---|
| 000 Gebäude | 125 000,— | 080 Kapital | | 300 000,— |
| 020 Maschinen und Werkzeuge | 50 000,— | 090 Wertberricht. a. Fordg. | | 1 600,— |
| 030 Transporteinrichtungen | 14 500,— | 160 Verbindlichkeiten | | 27 065,— |
| 040 Büroeinrichtung | 9 200,— | 170 Schuldwechsel | | 8 525,— |
| 100 Kasse | 4 330,— | 186 Sonstige Verbindlichkeiten | | 1 710,— |
| 110 Postscheck | 3 115,— | | | |
| 115 Bank | 7 905,— | | | |
| 120 Wechsel | 6 040,— | | | |
| 140 Forderungen | 11 770,— | | | |
| 149 Zweifelhafte Forderungen | 3 100,— | | | |
| 300 Rohstoffe | 32 800,— | | | |
| 330 Hilfsstoffe | 8 090,— | | | |
| 340 Betriebsstoffe | 2 750,— | | | |
| 700 Halberzeugnisse | 12 000,— | | | |
| 730 Fertigerzeugnisse | 48 300,— | | | |
| | 338 900,— | | | 338 900,— |

Sonstige Konten:

070 Darlehen
091 Aktive Posten der RA
155 Vorsteuer
185 Umsatzsteuer
197 Privat
200 Außerordentl. u. betriebsfremde Aufwendungen
210 Zinsaufwendungen, Diskont
240 Außerordentl. u. betriebsfremde Erträge
250 Skonti- und Zinserträge
400 Fertigungslöhne
410 Hilfslöhne
420 Gehälter

430 Soziale Aufwendungen
440 Hilfs- u. Betriebsstoffverbrauch
460 Maschinenreparaturen
461 Abschreibungen a. Anlagen
462 Abschreibungen a. Forderungen
470 Steuern u. Versicherungen
480 Verschiedene Kosten
600 Herstellung
800 Verkauf
850 Erlösschmälerungen
900 Abgrenzungssammelkonto
930 Gewinn- und Verlustkonto
940 Schlußbilanzkonto

Geschäftsvorfälle

1. Einkäufe einschl. 10 % USt: Rohstoffe gegen Bankscheck    5 940,—
   Hilfsstoffe auf Ziel    1 892,—
   Betriebsstoffe bar    1 078,—
   Werkzeuge gegen Postscheckübereisung[1]    1 100,—
2. Verkäufe von Fertigerzeugnissen einschl. 10 % USt:
   bar    22 033,—
   auf Ziel    32 796,50
3. Verkauf einer Maschine gegen Wechsel (Buchwert 800,—) einschl. 10 % USt    1 430,—

---
[1] Die einzelnen Werkzeuge nicht über 800,— DM, jedoch keine sofortige Abschreibung.

4. Aufnahme eines langfristigen Darlehens;
   Eingang auf Bankkonto  4 000,—
5. Privatentnahmen, bar  2 325,—
   (davon 175,— DM für Einkommensteuer)
6. Überweisungen an Lieferanten:
   durch Zahlkarte (Kasse!)  7 150,— DM
   ./. 2 % Skonto  143,— DM  7 007,—
   durch Bank  5 800,—
7. Überweisungen von Kunden:
   auf Bank  13 750,— DM
   ./. 3 % Skonto  412,50 DM  13 337,50
   bar  6 715,—
   auf Postscheckkonto  2 300,—
8. Besitzwechsel:
   Diskontierung zur Gutschrift  2 040,— DM
   ./. Diskont  20,— DM  2 020,—
   Weitergabe an Lieferant  1 960,—
   Einlösung, bar  820,—
9. Schuldwechsel: Einlösung durch Bank  3 025,—
10. Verbrauch an:
    Rohstoffen  16 800,—
    Hilfsstoffen  3 750,—
    Betriebsstoffen  1 410,—
11. Lohn- und Gehaltszahlungen:
    Fertigungslöhne, netto, bar  10 400,— DM
    + Abzüge  900,— DM
    brutto  11 300,—
    Gehälter, netto, bar  4 500,— DM
    + Abzüge  380,— DM
    brutto  4 880,—
    Hilfslöhne, netto, bar  1 100,— DM
    + Abzüge  100,— DM
    brutto  1 200,—
    Betriebsanteile zur Soz.-Vers. insgesamt  685,—
12. Postscheckübderweisung der rückständigen
    Sozialversicherung und Lohnsteuer  1 710,— DM
    und eines Teiles der diesjährigen
    Sozialversicherung  380,— DM  2 090,—
13. Selbstkosten der hergestellten Fertigerzeugnisse insgesamt  47 745,—
    (Saldo auf Konto 600 nach Abschlußbuchung 2 = Halb-
    erzeugnisse)
14. Postscheckübderweisung von Darlehenszinsen  240,—
15. Barzahlung für Maschinenreparaturen einschl. 10 % USt  242,—
16. Verlust von Fertigerzeugnissen durch Diebstahl  700,—
17. Banküberweisung von Betriebsteuern  625,—

18. Spende an eine Wohltätigkeitsorganisation durch Bankscheck (Konto 200!)     100,—

19. Barzahlung von Feuerversicherungsprämie     150,—

20. Verschiedene Betriebs- und Verwaltungskosten, bar einschl. 105,— DM USt     1 305,—

Abschlußangaben

1. Abschreibungen (direkt): 000: 1 %, 020: 4200,— DM, 030: 20 %, 040: 10 %. Davon entfallen auf die Fertigung insgesamt 7800,— DM.

2. Zu Lasten der Herstellung gehen außerdem:

    von Konto 410: 410,— DM  
    von Konto 420: 1350,— DM  
    von Konto 430: 420,— DM  
    von Konto 440: 4130,— DM  
    von Konto 460: 220,— DM  
    von Konto 470: 200,— DM  
    von Konto 480: 235,— DM

    Salden der Kostenkonten (Kl. 4) diesmal auf Konto 800 (Verkauf) abschließen!

3. Bankzinsen-Gutschrift 60,— DM.

4. Wahrscheinlicher Ausfall zweifelhafter Forderungen 2200,— DM. (Erhöhung der Wertberichtigung um 400,— DM.)

5. Rechnungsabgrenzung: im voraus gezahlte Feuerversicherung 75,— DM, noch zu zahlende Hilfslöhne 110,— DM.

6. Endbestand an Fertigerzeugnissen: 61 725,—. (Saldo auf Konto 730 = Herstellwert der verkauften Erzeugnisse!)

**Lösung**

### Schlußbilanz

| Aktiva | | Passiva | |
|---|---|---|---|
| 000 Gebäude | 123 750,— | 070 Darlehen | 4 000,— |
| 020 Maschinen u. Werkzeuge | 46 000,— | 080 Kapital | 304 095,— |
| 030 Transporteinrichtungen | 11 600,— | 090 Wertber. a. Forderungen | 2 000,— |
| 040 Büroeinrichtung | 8 280,— | 160 Verbindlichkeiten | 14 047,— |
| 091 Aktive Rechnungsabgrenzung | 75,— | 170 Schuldwechsel | 5 500,— |
| 100 Kasse | 5 791,— | 185 Umsatzsteuer | 5 077,— |
| 110 Postscheck | 1 985,— | 186 Sonstige Verbindlichkeiten | 1 795,— |
| 115 Bank | 11 832,50 | | |
| 120 Wechsel | 2 650,— | | |
| 140 Forderungen | 21 801,50 | | |
| 149 Zweifelhafte Forderungen | 3 100,— | | |
| 155 Vorsteuer | 1 024,— | | |
| 300 Rohstoffe | 21 400,— | | |
| 330 Hilfsstoffe | 6 060,— | | |
| 340 Betriebsstoffe | 2 320,— | | |
| 700 Halberzeugnisse | 7 120,— | | |
| 730 Fertigerzeugnisse | 61 725,— | | |
| | 336 514,— | | 336 514,— |

## 27. Der Gemeinschaftskontenrahmen der Industrie (GKR)

Unser Schaubild über den Kontenzusammenhang und Abschluß der Industriebuchführung nach dem GKR zeigt die wesentlichsten Unterschiede gegenüber dem Kontenzusammenhang nach dem Kontenrahmen für den Fertigungsbetrieb (vgl. S. 140).

1. Das Betriebsergebniskonto (980) nimmt auf seiner Sollseite alle Konten der Klasse 4 auf, auch die Sondereinzelkosten der Fertigung und des Vertriebs sowie die Erlösschmälerungen aus Verkäufen (Konto 88).
2. Diesen Gesamtkosten steht auf der Habenseite die Summe der Verkaufserlöse gegenüber (Konto 83).
3. Das Konto 89 „Bestandsveränderung an Halb- und Fertigerzeugnissen" erhält aus den Konten „Halberzeugnisse" (78) und „Fertigerzeugnisse" (79) die Mehr- oder Minderbestände gegenüber dem Vorjahr, nachdem ihre Endbestände (lt. Inventur) auf die Schlußbilanz übertragen wurden.
4. Der Saldo dieses Kontos 89 entsteht nun entweder im Soll oder im Haben und wird wiederum entweder im Soll (= Kosten des früher hergestellten Minderbestandes) oder im Haben (Mehrbestand als Betriebsleistung!) des Betriebsergebniskontos (980) eingesetzt.
5. Der auf der Sollseite des Betriebsergebniskontos sich ergebende Saldo stellt den auf das GuV-Konto (989) zu übertragenden Gewinn dar.
6. Dieser Gewinn wird in seiner Höhe noch beeinflußt — vermehrt oder verringert — durch das „neutrale Ergebnis" aus dem Konto 987.
7. Auf dieses Konto werden vorher alle Konten der Klasse 2 abgeschlossen, mit Ausnahme der Körperschaftsteuer (290), die direkt auf GuV-Konto übertragen wird.

Da auf dem Betriebsergebniskonto zunächst **alle Kosten** der Abrechnungsperiode erfaßt werden, also auch jene für solche Erzeugnisse, die erst in späteren Perioden verkauft werden (daher Buchung von „Bestandsveränderungen" erforderlich), heißt dieses Verfahren „**Gesamtkostenverfahren**" (Gegensatz: Umsatzkostenverfahren, vgl. S. 129).

## 28. Geschäftsgang Nr. 15

### nach dem GKR der Industrie

Summenbilanz einer OHG zum 30. November

| | Konten | Soll | Haben |
|---|---|---|---|
| 00 | Gebäude | 120 000,— | |
| 01 | Maschinen | 95 000,— | |
| 030 | Fahrzeuge | 62 500,— | |
| 037 | Betriebs- und Geschäftsausstattung | 48 000,— | |
| 070 | Kapital A | | 400 000,— |
| 071 | Kapital B | | 320 000,— |
| 080 | Wertberichtigung auf Anlagen | | |
| 084 | Wertberichtigung a. Forderungen | | |

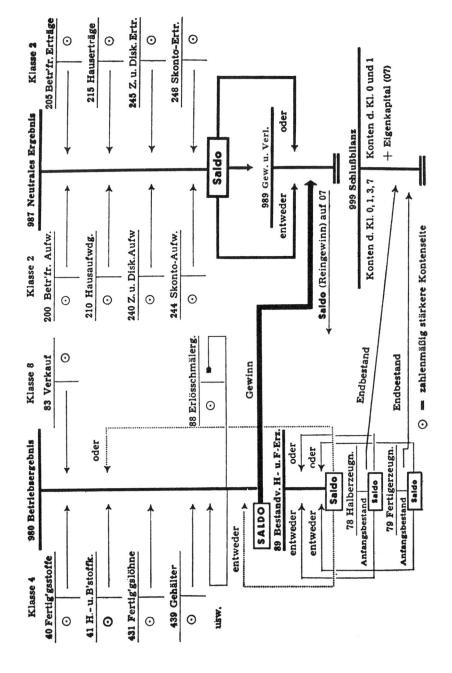

| | | | |
|---|---|---|---|
| 098 | Aktive Rechnungsabgrenzung | | |
| 099 | Passive Rechnungsabgrenzung | | |
| 10 | Kasse | 325 200,— | 308 600,— |
| 110 | Postscheck | 7 500,— | 6 100,— |
| 113 | Bank | 864 300,— | 831 700,— |
| 12 | Wechsel | 66 400,— | 52 900,— |
| 140 | Forderungen | 1 415 600,— | 1 394 000,— |
| 149 | Zweifelhafte Forderungen | 8 400,— | 3 000,— |
| 155 | Vorsteuer | 75 000,— | 66 500,— |
| 16 | Verbindlichkeiten | 1 295 100,— | 1 362 500,— |
| 175 | Umsatzsteuer | 105 500,— | 120 000,— |
| 176 | Noch abzuführende Abgaben | 42 750,— | 43 550,— |
| 177 | Sonstige Verbindlichkeiten | | |
| 180 | Schuldwechsel | 36 200,— | 53 150,— |
| 1970 | Privat A | 20 000,— | |
| 1971 | Privat B | 15 000,— | |
| 200 | Betriebsfremde Aufwendungen | 650,— | |
| 210 | Hausaufwendungen | 4 380,— | |
| 215 | Hauserträge | | 2 930,— |
| 240 | Zins- und Diskontaufwendungen | 1 600,— | |
| 244 | Skontoaufwendungen | 2 350,— | |
| 245 | Zins- und Diskonterträge | | |
| 248 | Skontoerträge | | 7 940,— |
| 300 | Rohstoffe | 992 500,— | 675 200,— |
| 33/34 | Hilfs- und Betriebsstoffe | 208 320,— | 112 470,— |
| 40 | Fertigungsstoffverbrauch | 675 200,— | |
| 41 | Hilfs- und Betriebsstoffverbrauch | 112 470,— | |
| 42 | Brennstoffe, Energie und dgl. | 6 310,— | |
| 431 | Fertigungslöhne | 193 060,— | |
| 439 | Gehälter | 48 270,— | |
| 44 | Sozialkosten | 35 100,— | |
| 460 | Steuern | 7 200,— | |
| 47 | Verschiedene Kosten | 16 900,— | |
| 480 | Abschreibungen auf Anlagen | | |
| 481 | Abschreibungen auf Forderungen | | |
| 495 | Sondereinzelkosten des Vertriebs | 72 310,— | |
| 78 | Halberzeugnisse | 63 700,— | |
| 79 | Fertigerzeugnisse | 82 450,— | |
| 83 | Verkauf | | 1 365 070,— |
| 88 | Erlösschmälerungen | 390,— | |
| 89 | Bestandsverändg. H.- u. F.-Erz. | | |
| 980 | Betriebsergebnis | | |
| 987 | Neutrales Ergebnis | | |
| 989 | Gewinn und Verlust | | |
| 999 | Schlußbilanz | | |
| | | 7 125 610,— | 7 125 610,— |

Geschäftsvorfälle Dezember

1. Briefbelege:
Preisnachlaß an Kunden einschl. 10 % USt                                143,—
Preisnachlaß eines Lieferers von Hilfsstoffen einschl. 10 % USt        275,—
Konkursanmeldung eines Kunden (bisher nicht zweifelhaft
gewesen)                                                              1 200,—

2. Ausgangsrechnungen:
Verkauf von Fertigerzeugnissen auf Ziel einschl. 10 % USt            47 080,—

3. Eingangsrechnungen einschl. 10 % USt:
   Einkauf von Rohstoffen gegen Bankscheck 3 465,—
   Einkauf von Betriebsstoffen auf Ziel 869,—

4. Postscheckbelege:
   Überweisung von Kunden 16 500,— DM
   ./. 2 % Skonto 330,— DM 16 170,—
   Überweisung eines Mieters für vermietete Büroräume 800,—
   Barabhebung 15 000,—

5. Bankbelege:
   Überweisung an Lieferer 11 000,— DM
   ./. 3 % Skonto 330,— DM 10 670,—
   Überweisung der noch abzuführenden Abgaben 800,—
   Überweisung von Einkommensteuer des A 210,—
   Überweisung von Gewerbesteuer 740,—
   Diskontabrechnung: Wechselbetrag 6 300,— DM
   ./. Diskont 45,— DM
      Spesen 15,— DM 60,— DM
   Gutschrift 6 240,—

6. Kassenbelege:
   Frachtkosten für Lieferung an Kunden, einschl. 10 % USt 99,—
   Heizmaterial und Kraftstrom, einschl. 10 % USt 594,—
   Porti, Fernsprechgeb., Büromaterial, einschl. 70,— DM USt 1 260,—

7. Lohn- und Gehaltslisten:
   Gehälter, brutto 3 100,— DM
   ./. Abzüge 700,— DM bar 2 400,—
   Sozialanteil des Betriebes 450,—
   Fertigungslöhne, brutto 19 200,— DM
   ./. Abzüge 2 700,— DM bar 16 500,—
   Sozialanteil des Betriebes 1 800,—

Abschlußangaben

1. Ein Arbeiter erhielt Lohnvorschuß von 200,— DM (in Buchung 7 enthalten).

2. Abschreibungen (indirekt): Gebäude 1 %, Maschinen 10 %, Fahrzeuge 12 500,— DM, Betriebsausstattung 6000,— DM, zweifelhafte Forderungen 50 % (./. USt-Anteil!).

3. Mietwert von Wohnung von B im Betriebsgebäude 960,— DM.

4. Die Postscheküberweisung unseres Mieters enthielt eine Vorauszahlung für das nächste Jahr von 150,— DM.

5. Gutschrift von Bankzinsen 40,— DM.

6. Noch zu zahlende Gewerbesteuer 325,— DM.

7. Endbestände: Halberzeugnisse 54 200,— DM, Fertigerzeugnisse 70 310,— DM.

8. Gewinnverteilung: A und B erhalten zunächst 6 % Kapitalverzinsung und vom Gewinnrest dann je die Hälfte.

# Lösung

### 155 Vorsteuer

| | | | |
|---|---|---|---|
| | 75 000,— | | 66 500,— |
| 113 Bank | 315,— | 16 Verbindl. | 25,— |
| 16 Verbindl. | 79,— | 248 Sk-Ertr. | 30,— |
| 10 Kasse | 9,— | 999 SB | 8 972,— |
| 10 Kasse | 54,— | | |
| 10 Kasse | 70,— | | |
| | 75 527,— | | 75 527,— |

### 175 Umsatzsteuer

| | | | |
|---|---|---|---|
| | 105 500,— | | 120 000,— |
| 140 Fordg. | 13,— | 140 Fordg. | 4 280,— |
| 244 Sk-Aufw. | 30,— | | |
| 999 SB | 18 737,— | | |
| | 124 280,— | | 124 280,— |

### 070 Kapital A

| | | | |
|---|---|---|---|
| 1970 Privat | 20 210,— | | 400 000,— |
| 999 SB | 463 657,50 | 989 GuV | 83 867,50 |
| | 483 867,50 | | 483 867,50 |

### 071 Kapital B

| | | | |
|---|---|---|---|
| 1971 Privat | 15 960,— | | 320 000,— |
| 999 SB | 383 107,50 | 989 GuV | 79 067,50 |
| | 399 067,50 | | 399 067,50 |

### 78 Halberzeugnisse

| | | | |
|---|---|---|---|
| | 63 700,— | 999 SB | 54 200,— |
| | | 89 | 9 500,— |
| | 63 700,— | | 63 700,— |

### 79 Fertigerzeugnisse

| | | | |
|---|---|---|---|
| | 82 450,— | 999 SB | 70 310,— |
| | | 89 | 12 140,— |
| | 82 450,— | | 82 450,— |

### 83 Verkauf

| | | | |
|---|---|---|---|
| 980 B-Erg. | 1 407 870,— | | 1 365 070,— |
| | | 140 Fordg. | 42 800,— |
| | 1 407 870,— | | 1 407 870,— |

### 89 Bestandsveränderungen Halb- und Fertigerzeugnisse

| | | | |
|---|---|---|---|
| 78 Halberz. | 9 500,— | 980 | 21 640,— |
| 79 Fert'erz. | 12 140,— | | |
| | 21 640,— | | 21 640,— |

### 980 Betriebsergebnis

| | | | |
|---|---|---|---|
| 40 | 675 200,— | 83 | 1 407 870,— |
| 41 | 112 470,— | | |
| 42 | 6 850,— | | |
| 431 | 212 060,— | | |
| 439 | 51 370,— | | |
| 44 | 37 350,— | | |
| 460 | 8 265,— | | |
| 47 | 18 105,— | | |
| 480 | 28 000,— | | |
| 481 | 3 000,— | | |
| 495 | 72 400,— | | |
| 88 | 520,— | | |
| 89 | 21 640,— | | |
| 989 | 160 640,— | | |
| | 1 407 870,— | | 1 407 870,— |

### 987 Neutrales Ergebnis

| | | | |
|---|---|---|---|
| 200 | 650,— | 215 | 4 540,— |
| 210 | 5 580,— | 245 | 40,— |
| 240 | 1 645,— | 248 | 8 240,— |
| 244 | 2 650,— | | |
| 989 GuV | 2 295,— | | |
| | 12 820,— | | 12 820,— |

### 989 GuV

| | | | |
|---|---|---|---|
| 070 | 83 867,50 | 987 | 2 295,— |
| 071 | 79 067,50 | 980 | 160 640,— |
| | 162 935,— | | 162 935,— |

Gewinnverteilung: 162 935,— DM
A: 24 000 (= 6 %) + 59 867,50 = 83 867,50 DM
B: 19 200 (= 6 %) + 59 867,50 = 79 067,50 DM

| Aktiva | | | Schlußbilanz | | Passiva |
|---|---|---|---|---|---|
| 00 | Gebäude | 120 000,— | 070 Kapital A | | 463 657,50 |
| 01 | Maschinen | 95 000,— | 071 Kapital B | | 383 107,50 |
| 030 | Fahrzeuge | 62 500,— | 080 Wertber. auf Anlagen | | 29 200,— |
| 037 | Betriebs- und Geschäftsausstattung | 48 000,— | 084 Wertber. auf Forderungen | | 3 000,— |
| 098 | Aktive Rechnungsabgrenzung | 200,— | 099 Pass. Rechnungsabgrenzung | | 150,— |
| 10 | Kasse | 10 747,— | 16 Verbindlichkeiten | | 56 994,— |
| 110 | Postscheck | 3 370,— | 175 Umsatzsteuer | | 18 737,— |
| 113 | Bank | 22 995,— | 176 Noch abzuf. Abgaben | | 5 650,— |
| 12 | Wechsel | 7 200,— | 177 Sonstige Verbindlichkeiten | | 325,— |
| 140 | Forderungen | 50 837,— | 180 Schuldwechsel | | 16 950,— |
| 149 | Zweifelh. Forderungen | 6 600,— | | | |
| 155 | Vorsteuer | 8 972,— | | | |
| 30 | Rohstoffe | 320 450,— | | | |
| 33/34 | Hilfs- und Betriebsstoffe | 96 390,— | | | |
| 78 | Halberzeugnisse | 54 200,— | | | |
| 79 | Fertigerzeugnisse | 70 310,— | | | |
| | | 977 771,— | | | 977 771,— |

**Übungsaufgabe**

Eröffnen Sie das neue Geschäftsjahr mit den Zahlen der Schlußbilanz von Geschäftsgang Nr. 15, lösen Sie die Rechnungsabgrenzungsposten auf (431 an 098, 099 an 215), überweisen Sie die rückständige Gewerbesteuer von 325,— DM durch Postscheck (177 an 110), die noch abzuführenden Abgaben in Höhe von 5650,— DM (176 an 113) sowie die Umsatzsteuer von 9765,— DM (175 an 155 und 113) durch Bankschecks, buchen Sie die neuen Geschäftsvorfälle und schließen Sie unter Berücksichtigung der Abschlußangaben ab!

Geschäftsvorfälle

1. Einkäufe einschl. 10 % USt:
   Rohstoffe, auf Ziel . . . . . . . . . . . . . . . . . . . . . . . . . . . . . . . . 70 180,—
   Hilfs- und Betriebsstoffe, gegen Banküberweisung . . . . . 13 530,—
   Werkzeuge, auf Ziel (Konto 034!) . . . . . . . . . . . . . . . . . . . . 8 250,—
   Büromaterial, bar . . . . . . . . . . . . . . . . . . . . . . . . . . . . . . . . . 2 420,—

2. Verkäufe von Fertigerzeugnissen einschl. 10 % USt:
   bar . . . . . . . . . . . . . . . . . . . . . . . . . . . . . . . . . . . . . . . . . . . . . . 229 460,—
   auf Ziel . . . . . . . . . . . . . . . . . . . . . . . . . . . . . . . . . . . . . . . . . . 242 055,—
   gegen Banküberweisungen . . . . . . . . . . . . . . . . . . . . . . . . . . 86 570,—
   gegen Kundenakzepte . . . . . . . . . . . . . . . . . . . . . . . . . . . . . . 50 490,—

3. Einlösung von Schuldwechseln durch die Bank . . . . . . . . 11 400,—

4. Gewährung eines Darlehens an Geschäftsfreund, bar (Konto 057!) . . . . . . . . . . . . . . . . . . . . . . . . . . . . . . . . . . . . . 10 000,—

5. Zahlungen an Lieferanten:
   | | | |
   |---|---|---|
   | bar | 50 000,— DM | |
   | ./. Skonto | 3 564,— DM | 46 436,— |
   | durch Bankschecks und -überweisungen | | 45 090,— |
   | durch Weitergabe von Wechseln | | 11 500,— |

6. Zahlungen von Kunden:
   | | | |
   |---|---|---|
   | durch Postschecküberweisungen | 35 000,— DM | |
   | ./. Skonto | 3 960,— DM | 31 040,— |
   | durch Banküberweisungen | | 58 600,— |
   | bar | | 127 000,— |

7. Gutschrift für Mängelrüge eines Kunden     143,—

8. Privatentnahmen bar:
   | | | | |
   |---|---|---|---|
   | | A | 20 000,— DM | |
   | | B | 15 000,— DM | 35 000,— |

9. Der Eingang einer Forderung wird zweifelhaft     4 400,—

10. Lohn- und Gehaltszahlungen:
    | | | |
    |---|---|---|
    | Fertigungslöhne: brutto | 169 400,— DM | |
    | ./. Abzüge | 17 500,— DM bar | 151 900,— |
    | Betriebsanteile an Sozialversicherung | | 9 420,— |
    | Gehälter: brutto | 37 200,— DM | |
    | ./. Abzüge | 4 750,— DM bar | 32 450,— |
    | Betriebsanteile an Sozialversicherung | | 3 110,— |

11. Barverkauf eines mit 1200,— DM zu Buch stehenden Fahrzeugs einschl. 10 % USt     1 650,—
    (Konto 10: 1650,— an Konto 030: 1200,—, Konto 255: 300,—, Konto 175: 150,—)

12. Verschiedene Ausgaben:
    | | |
    |---|---|
    | Postschecküberweisung für Hausreparaturen einschl. 10 % USt | 2 640,— |
    | Banküberweisung von Gewerbesteuer | 14 600,— |
    | Barzahlung für Miete, Post-, Reise- und Werbekosten (Konto 47) einschl. 1080,— DM USt | 16 880,— |
    | Barzahlung der rückständigen sozialen Abgaben | 34 780,— |

Abschlußangaben

1. Verbrauch an Rohstoffen: 182 000,— DM (Konto 40!), an Hilfs- und Betriebsstoffen: 43 000,— DM (Konto 41!).

2. Abschreibungen (indirekt): Gebäude 1 %, Maschinen 10 %, Fahrzeuge 20 %, Betriebs- und Geschäftsausstattung 12½ %. Werkzeuge keine Abschreibung, da am Ende des Geschäftsjahres angeschafft.

3. Wahrscheinlicher Ausfall der zweifelhaften Forderungen: 60 %. (Wertberichtigung auf Höhe des Entgeltanteils auffüllen!)

4. Rückstellung (Kto. 085) für notwendige Instandhaltung des Gebäudes 5000,— DM.

5. Gutschrift von Bankzinsen 230,— DM.

6. Noch zu erhaltende Darlehenszinsen: 600,— DM.
7. In der Gehaltszahlung ist ein Vorschuß an einen Angestellten in Höhe von 300,— DM enthalten.
8. Endbestände:

|  | DM |  |
|---|---|---|
| Rohstoffe | 202 250,— | ⎫ |
| H- und B-Stoffe | 65 690,— | ⎬ = Salden nach Buchung des Verbrauchs |
| Halberzeugnisse | 49 700,— | |
| Fertigerzeugnisse | 72 660,— | |

9. Gewinnverteilung: A erhält ³/₅, B ²/₅ des Reingewinns.

**Lösung**

| 155 Vorsteuer | | | | 175 Umsatzsteuer | | | |
|---|---|---|---|---|---|---|---|
| EB | 8 972,— | 175 USt | 8 972,— | 155/113 Vorst., | | EB | 18 737,— |
| 16 Verbindl. | 6 380,— | 248 Sk-Ertr. | 324,— | Bk. | 18 737,— | 10 Kasse | 20 860,— |
| 113 Bank | 1 230,— | 999 SB | 9 576,— | 244 Sk-Aufw. | 360,— | 140 Fordg. | 22 005,— |
| 16 Verbindl. | 750,— | | | 88 Erlös- | | 113 Bank | 7 870,— |
| 10 Kasse | 220,— | | | schmlg. | 13,— | 12 Wechsel | 4 590,— |
| 110 Postsch. | 240,— | | | 999 SB | 55 102,— | 10 Kasse | 150,— |
| 10 Kasse | 1 080,— | | | | | | |
| | 18 872,— | | 18 872,— | | 74 212,— | | 74 212,— |

| 78 Halberzeugnisse | | | | 79 Fertigerzeugnisse | | | |
|---|---|---|---|---|---|---|---|
| EB | 54 200,— | 999 SB | 49 700,— | EB | 70 310,— | 999 SB | 72 660,— |
| | | 89 | 4 500,— | 89 | 2 350,— | | |
| | 54 200,— | | 54 200,— | | 72 660,— | | 72 660,— |

| 83 Verkauf | | | | 89 Bestandsverändg. H.- u. F.-Erzeugnisse | | | |
|---|---|---|---|---|---|---|---|
| 980 B-Erg. | 553 250,— | 10 | 208 600,— | 78 Halberz. | 4 500,— | 79 F-Erz. | 2 350,— |
| | | 140 | 220 050,— | | | 980 B-Erg. | 2 150,— |
| | | 113 | 78 700,— | | 4 500,— | | 4 500,— |
| | | 12 | 45 900,— | | | | |
| | 553 250,— | | 553 250,— | | | | |

| 980 Betriebsergebnis | | | | 987 Neutrales Ergebnis | | | |
|---|---|---|---|---|---|---|---|
| 40 | 182 000,— | 83 | 553 250,— | 210 | 8 600,— | 215 | 150,— |
| 41 | 43 000,— | | | 244 | 3 600,— | 245 | 830,— |
| 431 | 169 600,— | | | | | 248 | 3 240,— |
| 439 | 36 900,— | | | | | 255 | 300,— |
| 44 | 12 530,— | | | | | 989 GuV | 7 680,— |
| 460 | 14 600,— | | | | 12 200,— | | 12 200,— |
| 47 | 18 000,— | | | | | | |

| 989 GuV | | | |
|---|---|---|---|
| 987 | 7 680,— | 980 | 43 580,— |
| 070 | 21 540,— | | |
| 071 | 14 360,— | | |
| | 43 580,— | | 43 580,— |

| 480 | 27 760,— | | |
|---|---|---|---|
| 481 | 3 000,— | | |
| 88 | 130,— | | |
| 89 | 2 150,— | | |
| 989 GuV | 43 580,— | | |
| | 553 250,— | | 553 250,— |

Gewinnverteilung: 35 900,— DM.
A: ³/₅ = 21 540,— DM
B: ²/₅ = 14 360,— DM

|     070 Kapital A           |                      |     071 Kapital B            |                     |
|-----------------------------|----------------------|------------------------------|---------------------|
| 1970 Pr. A    20 000,—      | EB         463 657,50| 1971 Pr. B    15 000,—       | EB         383 107,50|
| 999  SB      465 197,50     | 989 GuV    21 540,—  | 999  SB      382 467,50      | 989 GuV    14 360,—  |
|              485 197,50     |            485 197,50|              397 467,50      |            397 467,50|

| Aktiva | | Schlußbilanz | Passiva |
|---|---|---|---|
| 00  | Gebäude | 120 000,— | 070 Kapital A | 465 197,50 |
| 01  | Maschinen | 95 000,— | 071 Kapital B | 382 467,50 |
| 030 | Fahrzeuge | 61 300,— | 080 Wertber. auf Anlagen | 58 160,— |
| 034 | Werkzeuge | 7 500,— | 084 Wertber. auf Forderungen | 6 000,— |
| 037 | Betriebs- und Geschäftsausstattung | 48 000,— | 085 Rückstellung | 5 000,— |
| 057 | Darlehensforderung | 10 000,— | 16  Verbindlichkeiten | 28 834,— |
| 098 | Aktive Rechnungsabgr. | 300,— | 175 Umsatzsteuer | 55 102,— |
| 10  | Kasse | 38 991,— | 180 Schuldwechsel | 5 550,— |
| 110 | Postscheck | 31 445,— | | |
| 113 | Bank | 68 360,— | | |
| 12  | Wechsel | 46 190,— | | |
| 140 | Forderungen | 67 749,— | | |
| 149 | Zweifelhafte Forderungen | 11 000,— | | |
| 155 | Vorsteuer | 9 576,— | | |
| 156 | Sonstige Forderungen | 600,— | | |
| 30  | Rohstoffe | 202 250,— | | |
| 33/4| Hilfs- und Betriebsstoffe | 65 690,— | | |
| 78  | Halberzeugnisse | 49 700,— | | |
| 79  | Fertigerzeugnisse | 72 660,— | | |
|     | | 1 006 311,— | | 1 006 311,— |

# 29. Die Abschlußübersicht

### a) Wesen

Die Abschlußübersicht wird auch Betriebsübersicht, Abschlußblatt, Abschlußtabelle und Probebilanz genannt. Sie gibt einen summarischen Überblick über den Verlauf eines Geschäftsjahres, soweit er zahlenmäßig erfaßbar ist. Eine solche Übersicht auf einem einzigen Bogen Papier wird u. a. oft aufgestellt, um der Betriebsführung einen einprägsamen Einblick in die gesamte Buchführung zu verschaffen. Sie hat keinen *kontenmäßigen* Zusammenhang mit der übrigen Buchführung, aus der sie jedoch ihre Zahlen entnimmt. *Doppelte* Buchungen kommen nur in der Spalte „Abschlußbuchungen" sowie bei der Übertragung des Saldos der Erfolgs- auf die Vermögensbilanz vor.

### b) Gliederung

1. In einer S u m m e n -, Roh- oder Konten b i l a n z stehen die Jahresumsätze aller Konten, meist einschließlich der Zahlen der Eröffnungsbilanz. (Summenbilanz = E-Bilanz + Umsätze.)

2. Die Saldenbilanz I (vorläufige Salden- oder Restebilanz) erhält nun die Salden aus allen Konten der Summenbilanz. (Eintragungen auf der *stärkeren* Seite!)

3. In einer weiteren Spalte „Abschlußbuchungen" (auch Nachträge, Umbuchungen genannt) werden sodann alle Abschlußangaben *doppelt* gebucht.

4. Die Saldenbilanz II (endgültige Saldenbilanz) nimmt jetzt die Zahlen der Saldenbilanz I zuzüglich bzw. abzüglich der Abschlußbuchungen auf, so daß jedes Konto wiederum nur je eine Zahl (entweder im Soll oder im Haben) aufweist. Von hier aus erfolgt dann die Übertragung des für den Abschluß bereinigten Zahlenmaterials

5. auf die Vermögens- (Inventur-)bilanz, soweit es sich um Bestandskonten handelt (vgl. Schlußbilanz), und

6. auf die Erfolgsbilanz (Ergebnisrechnung), wenn es Aufwände und Erträge betrifft (vgl. Gewinn- und Verlustkonto).

Einschließlich der Eröffnungsbilanz und der Umsätze (Verkehrszahlen) des abgelaufenen Geschäftsjahres kann also eine ausführliche „Hauptabschlußübersicht" in 8 Spalten eingeteilt sein. Bei einfachen Betriebsverhältnissen genügen jedoch schon 4 Rubriken, nämlich: Summen-, Salden-, Vermögens- und Erfolgsbilanz.

### c) Beispiele

Sehen wir uns nun die drei folgenden Beispiele für Betriebsübersichten genauer an:

**1. Abschlußübersicht Einzelhandel**

Vier Spalten, Tabelle S. 149.

a) Das Privatkonto kann buchungstechnisch auf verschiedene Weise behandelt werden. Hier ist es in der Summenbilanz bereits auf Kapitalkonto abgeschlossen worden und gleicht sich aus, brauchte also eigentlich gar nicht mehr aufgeführt zu werden. (Andere Möglichkeit: Abschluß auf Vermögensbilanz.)

b) Die 10%ige Abschreibung auf Betriebs- und Geschäftsausstattung (350,— DM) ist auf die Sollseite der Erfolgsbilanz in der Zeile „Abschreibungen" abgebucht worden. Auch in diesem Falle könnte das Abschreibungskonto unter Umständen wegfallen, und die 350,— DM wären dann in der Zeile von Konto 03 — natürlich auch im Soll der Erfolgsbilanz — einzusetzen.

c) Zinsgutschrift der Bank 17,— DM: Das Bankkonto erhöht sich — auf Vermögensbilanz — um 17,— DM, was einen Ertrag darstellt (Erfolgsbilanz Haben!). Diese 17,— DM Ertrag könnten auch — auf Erfolgsbilanz — in der Zeile von Konto 46 eingetragen werden.

d) Von den Forderungen sind 60,— DM uneinbringlich; sie vermindern sich also auf 740,— DM (Vermögensbilanz Soll), und die Erfolgsbilanz (Soll) nimmt den Aufwand auf.

## Abschlußübersicht (Einzelhandel)

| Konten | Summenbilanz Soll | Summenbilanz Haben | Saldenbilanz Soll | Saldenbilanz Haben | Vermögensbilanz Aktiva | Vermögensbilanz Passiva | Erfolgsbilanz Aufwdg. | Erfolgsbilanz Erträge |
|---|---|---|---|---|---|---|---|---|
| 03 Betriebs- und Geschäftsausstattung | 3 500 | | 3 500 | | 3 150 | | | |
| 08 Kapital | 700 | 15 780 | | 15 080 | | 15 080 | | |
| 10 Kasse | 16 800 | 14 900 | 1 900 | | 1 900 | | | |
| 11 Postscheck | 4 200 | 3 800 | 400 | | 400 | | | |
| 12 Bank | 6 800 | 3 900 | 2 900 | | 2 917 | | | 17 |
| 13 Besitzwechsel | 1 500 | 1 100 | 400 | | 400 | | | |
| 14 Forderungen | 2 650 | 1 850 | 800 | | 740 | | 60 | |
| 155 Vorsteuer | 1 300 | 1 200 | 100 | | 100 | | | |
| 16 Verbindlichkeiten | 4 250 | 7 600 | | 3 350 | | 3 350 | | |
| 17 Schuldwechsel | 1 400 | 2 000 | | 600 | | 600 | | |
| 185 Umsatzsteuer | 1 600 | 1 900 | | 300 | | 300 | | |
| 19 Privat | 700 | 700 | | | | | | |
| 30 Wareneinkauf | 24 350 | 650 | 23 700 | | 12 750 | | | |
| 37 Warenbezugskosten | 460 | | 460 | | | | 460 | |
| 38 Nachlässe | | 375 | | 375 | | | | 375 |
| 40 Personalkosten | 1 600 | | 1 600 | | | | 1 600 | |
| 41 Miete | 1 200 | | 1 200 | | | | 1 200 | |
| 42 Sachkosten für Geschäftsräume | 280 | | 280 | | | | 280 | |
| 43 Betriebsteuern | 205 | | 205 | | | | 205 | |
| 44 Werbekosten | 165 | | 165 | | | | 165 | |
| 46 Zinsen und Diskont | 40 | | 40 | | | | 40 | |
| 47 Abschreibungen | | | | | | | 350 | |
| 48 Verschiedene Geschäftskosten | 300 | | 300 | | | | 300 | |
| 80 Warenverkauf | 150 | 18 445 | | 18 295 | | | | 7 345 |
| 89 Erlösschmälerungen | 50 | | 50 | | | | 50 | |
| | 74 200 | 74 200 | 38 000 | 38 000 | 22 357 | | | |
| Reingewinn | | | | | | 3 027 | 3 027 | |
| | | | | | 22 357 | 22 357 | 7 737 | 7 737 |

e) Der Abschluß der Waren-Unterkonten (37, 38, 89) erfolgt hier am besten direkt auf Erfolgsbilanz. (Andernfalls müßten diese drei Konten schon vor der Aufstellung der Summenbilanz auf die Warenkonten abgeschlossen werden und wären dann in den Summen von Waren-E- und Waren-V-Konto enthalten.)

f) Warenendbestand 12 750,— DM.
Zur Erläuterung des Abschlusses der Warenkonten auf dem Abschlußblatt ist es zweckmäßig, die beiden Konten nach ihrem Stand laut Saldenbilanz nebenbei gesondert aufzumachen:

| Wareneinkauf | | | | Warenverkauf | |
|---|---|---|---|---|---|
| 23 700,— | Endbestand (Verm'bil.) WV | 12 750,— 10 950,— | ▶WE Gew. (Erfolgsbil.) | 10 950,— 7 345,— | 18 295,— |
| 23 700,— | | 23 700,— | | 18 295,— | 18 295,— |

Eine andere Möglichkeit des Abschlusses der Warenkonten in der Betriebsübersicht ist die, daß bereits in der Summenbilanz der Einstandspreis der verkauften Waren (10 950,— DM) im Haben von WE und im Soll von WV eingesetzt wird, so daß die Salden der beiden Konten — in der Saldenbilanz — schon den Endbestand für die Vermögensbilanz 12 750,— DM) und den Rohgewinn für die Erfolgsbilanz (7345,— DM) aufweisen.

g) Sobald alle Übertragungen von der Saldenbilanz auf Vermögens- bzw. Erfolgsbilanz gemacht sind, wird auf letzterer der Saldo (hier Gewinn 3027,— DM) festgestellt und auf die Passivseite der Vermögensbilanz übertragen, wo ja das Kapital zu finden ist, das dadurch vermehrt wird. Jetzt erst kann auch die Vermögensbilanz sich summenmäßig (22 357,— DM) ausgleichen.

## 2. Abschlußübersicht Großhandel

Sechs Spalten, Tabelle S. 151.

Folgende Abschlußangaben waren in der Spalte „Abschlußbuchungen" noch zu berücksichtigen, ehe über die Saldenbilanz II der Abschluß auf Vermögens- bzw. Erfolgsbilanz erfolgte:

a) 1 % Abschreibung auf Gebäude:     Buchungssatz: 23 an 00

b) 15 % Abschreibung auf Maschinen:     Buchungssatz: 59 an 02

c) 10 % Abschreibung auf Einrichtungen:     Buchungssatz: 59 an 03

d) Zinsgutschrift der Bank 40,— DM     Buchungssatz: 13 an 28

e) Umbuchung der Privatentnahmen auf Kapitalkonto:     Buchungssatz: 08 an 16

## Abschlußübersicht (Großhandel)

| Konten | Summenbilanz Soll | Summenbilanz Haben | Saldenbilanz I Soll | Saldenbilanz I Haben | Abschlußbuchungen Soll | Abschlußbuchungen Haben | Saldenbilanz II Soll | Saldenbilanz II Haben | Vermögensbilanz Aktiva | Vermögensbilanz Passiva | Erfolgsbilanz Aufwdg. | Erfolgsbilanz Ertr. |
|---|---|---|---|---|---|---|---|---|---|---|---|---|
| 00 Gebäude | 80 000 | | 80 000 | | | 800 | 79 200 | | 79 200 | | | |
| 02 Maschinen | 7 000 | | 7 000 | | | 1 050 | 5 950 | | 5 950 | | | |
| 03 Betr.- u. Geschäftsausstattung | 6 000 | | 6 000 | | | 600 | 5 400 | | 5 400 | | | |
| 07 Hypothek | | 20 000 | | 20 000 | | | | 20 000 | | 20 000 | | |
| 08 Kapital | | 153 700 | | 153 700 | | | | 149 700 | | 149 700 | | |
| 091 Wertberichtigung a. Ford. | | | | | | 2 100 | | 2 100 | | 2 100 | | |
| 10 Forderungen | 121 000 | 90 350 | 30 650 | | | | 30 650 | | 30 650 | | | |
| 101 Zweifelhafte Forderungen | 4 000 | 150 | 3 850 | | | | 3 850 | | 3 850 | | | |
| 115 Vorsteuer | 12 500 | 12 000 | 500 | | | | 500 | | 500 | | | |
| 116 Sonstige Forderungen | | | | | 700 | | 700 | | 700 | | | |
| 13 Bank | 60 000 | 45 000 | 15 000 | | 40 | | 15 040 | | 15 040 | | | |
| 14 Wechsel | 15 000 | 11 500 | 3 500 | | | | 3 500 | | 3 500 | | | |
| 150 Kasse | 140 000 | 132 000 | 8 000 | | | | 8 000 | | 8 000 | | | |
| 152 Postscheck | 42 000 | 35 000 | 7 000 | | | | 7 000 | | 7 000 | | | |
| 16 Privat | 4 000 | | 4 000 | | | 4 000 | | | | | | |
| 17 Verbindlichkeiten | 85 000 | 125 000 | | 40 000 | | | | 40 000 | | 40 000 | | |
| 18 Schuldwechsel | 15 000 | 25 000 | | 10 000 | | | | 10 000 | | 10 000 | | |
| 195 Umsatzsteuer | 13 000 | 14 500 | | 1 500 | | | | 1 500 | | 1 500 | | |
| 196 Sonstige Verbindlichkeiten | | | | | | 500 | | 500 | | 500 | | |
| 21 Zinsaufwendungen | 200 | | 200 | | | | 200 | | | | 200 | |
| 23 Hausaufwendungen | 1 300 | | 1 300 | | 500 800 | | 2 600 | | | | 2 600 | |
| 28 Zinserträge | | 100 | | 100 | | 40 | | 140 | | | | 140 |
| 29 Hauserträge | | 2 000 | | 2 000 | | 700 | | 2 700 | | | | 2 700 |
| 30 Wareneinkauf | 170 000 | 5 000 | 165 000 | | 3 000 | 88 040 | 79 960 | | 79 960 | | | |
| 304 Frachten | 3 000 | | 3 000 | | | 3 000 | | | | | | |
| 41 Kundenskonti | 600 | | 600 | | | | 600 | | | | 600 | |
| 48 Lieferersk onti | | 700 | | 700 | | | | 700 | | | | 700 |
| 50 Personalkosten | 18 000 | | 18 000 | | | | 18 000 | | | | 18 000 | |
| 52 Steuern | 3 500 | | 3 500 | | | | 3 500 | | | | 3 500 | |
| 54 Werbekosten | 1 000 | | 1 000 | | | | 1 000 | | | | 1 000 | |
| 58 Allgemeine Verwaltungskosten | 2 400 | | 2 400 | | | | 2 400 | | | | 2 400 | |
| 59 Abschreibungen | | | | | 1 050 600 2 100 | | 3 750 | | | | 3 750 | |
| 80 Warenverkauf | 2 500 | 135 000 | | 132 500 | 88 040 | | | 44 460 | | | | 44 460 |
| Reingewinn | | | | | | | | | | 15 950 | 15 950 | |
| | 807 000 | 807 000 | 360 500 | 360 500 | 100 830 | 100 830 | 271 800 | 271 800 | 239 750 | 239 750 | 48 000 | 48 000 |

f) Wahrscheinlicher Wert der zweifelhaften Forderungen 40 %, d. h. voraussichtlicher Verlust 60 % von 3850,— DM
   ∕ USt-Anteil = 2100,— DM          Buchungssatz   59 an 091

g) Noch zu erhaltende Miete 700,— DM          Buchungssatz   116 an  29

h) Noch zu zahlende Hypothekenzinsen 500,— DM   Buchungssatz   23 an 196

i) Umbuchung der Einkaufsfrachten auf Wareneinkaufskonto          Buchungssatz   30 an 304

j) Warenbestand: 79 960,— DM,

   Einkäufe + Frachten:    168 000,— DM
   ∕ Endbestand:            79 960,— DM  (auf Vermögensbilanz!)
   = verkaufte Ware
   zum Einstandspreis        88 040,— DM  (Buchung: 80 an 30)

Der Saldo auf Konto 80 (132 500,— DM ∕ 88 040,— DM = 44 460,— DM) stellt dann den Warenrohgewinn dar (auf Erfolgsbilanz!).

## 3. Abschlußübersicht Fertigungsbetrieb

Nach dem Kontenrahmen vom 11. 11. 1937, 8 Spalten, Tabelle S. 154/155.

Nachdem man bis zur Saldenbilanz I (4) gekommen ist, sind noch folgende Abschlußbuchungen in Spalte 5 zu erledigen:

❶ Abschreibungen:   00   ½ %   400,— DM
                    02   15 %  6000,— DM    davon gehen zu Lasten der
                    03   20 %  3000,— DM    Herstellung 8000,— DM
                    04   10 %  1000,— DM

   Buchungssätze:   Konto  60 (8000,— DM)
                    Konto 460 (2400,— DM)   an Konten 00, 02, 03, 04

❷ Gezahlte Gehaltsvorschüsse: 350,— DM
   Buchungssatz: Konto 093 an Konto 42

❸ Noch zu zahlende Hypothekenzinsen: 500,— DM
   Buchungssatz: Konto 23 an Konto 186

❹ Von den zweifelhaften Forderungen sind 660,— DM uneinbringlich und (ausschl. USt) aus Konto 091 zu decken.

   Buchungssatz: Konto 091 an Konto 149   600,— DM
                 Konto 185 an Konto 149    60,— DM

❺ Abschluß des Privatkontos auf Kapitalkonto
   Buchungssatz: Konto 08 an Konto 19

❻ Abschluß der Erlösschmälerungen auf Verkaufskonto
   Buchungssatz: Konto 80 an Konto 85

❼ Das Herstellungskonto ist noch mit folgenden Kosten zu belasten:

| | |
|---|---|
| Konto 40 Fertigungslöhne | 20 000,— DM |
| Konto 42 Gehälter | 2 000,— DM |
| Konto 43 Soziale Aufwendungen | 1 200,— DM |
| Konto 44 Hilfs- und Betriebsstoffverbrauch | 3 800,— DM |
| Konto 45 Strom, Gas | 400,— DM |
| Konto 47 Steuern | 500,— DM |
| Konto 48 Verschiedene Kosten | 200,— DM |
| | 28 100,— DM |

   Buchungssätze: Konto 60 an Konten 40, 42, 43, 44, 45, 47, 48

❽ Es werden noch für 35 000,— DM Fertigerzeugnisse ins Lager gegeben.
   Buchungssatz: Konto 73 an Konto 60

❾ Der Saldo auf Herstellungskonto (Haben) stellt den Wert des Endbestandes an Halberzeugnissen dar und wird auf dieses Konto übertragen.
   Buchungssatz: Konto 70 an Konto 60

Der weitere Gang der Abschlußarbeiten weist danach keine Schwierigkeiten mehr auf.

### Übungsaufgaben

Wählen Sie sich einige der obigen Geschäftsgänge Nr. 1—14 aus und fertigen Sie dazu die Abschlußübersichten an.

## 30. Die Gewinnverteilung bei Handelsgesellschaften

### a) Stille Gesellschaft

Da die Kapitaleinlage eines stillen Teilhabers kontenmäßig nicht besonders ausgewiesen werden muß, erscheint er in der Buchführung meist nur insofern, als ihm — bei nicht sofortiger Auszahlung — der vertraglich vereinbarte Gewinn auf ein besonderes Konto „Verbindlichkeit an stillen Teilhaber" gutgeschrieben wird.

**Beispiel**

Einlage eines stillen Teilhabers 10 000,— DM. Vom Gewinn erhält er 5 % auf seine Einlage, der Rest wird im Verhältnis 1 : 3 zwischen ihm und dem Geschäftsinhaber verteilt. Bei 8500,— DM Gewinn erhält er also:

| | | | |
|---|---|---|---|
| 5 % von | 10 000,— DM | 500,— DM | |
| + ¼ von | 8 000,— DM | 2 000,— DM | |
| | | 2 500,— DM | |

## Abschlußübersicht

| Konten | (1) Eröffnungsbilanz | | (2) Umsätze | | (3) Summenbilanz (= (1) + (2)) | |
|---|---|---|---|---|---|---|
| | Aktiva | Passiva | Soll | Haben | Soll | Haben |
| 00 Fabrik- und Bürogebäude | 80 000 | | | | 80 000 | |
| 02 Maschinen und Werkzeuge | 35 000 | | 5 000 | | 40 000 | |
| 03 Transportmittel | 15 000 | | | | 15 000 | |
| 04 Betr.- u. Geschäftsausstattung | 9 000 | | 1 000 | | 10 000 | |
| 07 Hypothek | | 20 000 | | | | 20 000 |
| 08 Kapital | | 206 770 | | | | 206 770 |
| 091 Wertberichtigung a. Fordg. | | 1 500 | 600 | | 600 | 1 500 |
| 093 Aktive RA | 150 | | | 150 | 150 | 150 |
| 10 Kasse | 2 800 | | 42 700 | 35 000 | 45 500 | 35 000 |
| 110 Postscheck | 500 | | 5 000 | 4 000 | 5 500 | 4 000 |
| 115 Bank | 4 500 | | 55 500 | 52 000 | 60 000 | 52 000 |
| 12 Wechsel | 1 500 | | 6 500 | 4 000 | 8 000 | 4 000 |
| 14 Forderungen | 33 000 | | 77 000 | 70 000 | 110 000 | 70 000 |
| 149 Zweifelhafte Forderungen | 2 000 | | 400 | 600 | 2 400 | 600 |
| 155 Vorsteuer | 700 | | 9000 | 8 700 | 9 700 | 8 700 |
| 16 Verbindlichkeiten | | 23 000 | 65 000 | 77 000 | 65 000 | 100 000 |
| 17 Akzepte | | 2 000 | 6 000 | 7 000 | 6 000 | 9 000 |
| 185 Umsatzsteuer | | 1 000 | 14 500 | 15 000 | 14 500 | 16 000 |
| 186 Sonstige Verbindlichkeiten | | 380 | 380 | 170 | 380 | 550 |
| 19 Privat | | | 3 000 | | 3 000 | |
| 21 Zinsaufwendungen | | | 500 | | 500 | |
| 23 Hausaufwendungen | | | 160 | | 160 | |
| 25 Zinserträge | | | | 240 | | 240 |
| 30 Rohstoffe | 16 000 | | 5 100 | 9 300 | 21 100 | 9 300 |
| 33 Hilfsstoffe | 4 800 | | 1 400 | 3 900 | 6 200 | 3 900 |
| 34 Betriebsstoffe | 2 200 | | 800 | 1 200 | 3 000 | 1 200 |
| 40 Fertigungslöhne | | | 20 000 | | 20 000 | |
| 42 Gehälter | | | 8 500 | | 8 500 | |
| 43 Soz. Aufwendungen | | | 1 500 | | 1 500 | |
| 44 Hilfs- und Betriebsstoffkosten | | | 4 100 | | 4 100 | |
| 45 Strom, Gas | | | 600 | | 600 | |
| 46 Abschreibungen | | | | | | |
| 47 Steuern | | | 2 500 | | 2 500 | |
| 48 Verschiedene Kosten | | | 2 000 | | 2 000 | |
| 60 Herstellung | | | 83 500 | 78 000 | 83 500 | 78 000 |
| 70 Halberzeugnisse | 5 500 | | | 5 500 | 5 500 | 5 500 |
| 73 Fertigerzeugnisse | 42 000 | | 110 000 | 93 000 | 152 000 | 93 000 |
| 80 Verkauf | | | 73 000 | 141 280 | 73 000 | 141 280 |
| 85 Erlösschmälerungen | | | 800 | | 800 | |
| Reingewinn | | | | | | |
| | 254 650 | 254 650 | 606 040 | 606 040 | 860 690 | 860 690 |

**(Fertigungsbetrieb)**

| (4) Salden-bilanz I | | (5) Abschluß-buchungen | | (6) Salden-bilanz II (= (4) + (5)) | | (7) Vermögens-bilanz | | (8) Erfolgsbilanz | |
|---|---|---|---|---|---|---|---|---|---|
| Soll | Haben | Soll | Haben | Soll | Haben | Aktiva | Passiva | Aufwdg. | Erträge |
| 80 000 | | | 400(1) | 79 600 | | 79 600 | | | |
| 40 000 | | | 6 000(1) | 34 000 | | 34 000 | | | |
| 15 000 | | | 3 000(1) | 12 000 | | 12 000 | | | |
| 10 000 | | | 1 000(1) | 9 000 | | 9 000 | | | |
| | 20 000 | | | | 20 000 | | 20 000 | | |
| | 206 770 | 3 000(5) | | | 203 770 | | 203 770 | | |
| | 900 | 600(4) | | | 300 | | 300 | | |
| | | 350(2) | | 350 | | 350 | | | |
| 10 500 | | | | 10 500 | | 10 500 | | | |
| 1 500 | | | | 1 500 | | 1 500 | | | |
| 8 000 | | | | 8 000 | | 8 000 | | | |
| 4 000 | | | | 4 000 | | 4 000 | | | |
| 40 000 | | | | 40 000 | | 40 000 | | | |
| 1 800 | | | 660(4) | 1 140 | | 1 140 | | | |
| 1 000 | | | | 1 000 | | 1 000 | | | |
| | 35 000 | | | | 35 000 | | 35 000 | | |
| | 3 000 | | | | 3 000 | | 3 000 | | |
| | 1 500 | 60(4) | | | 1 440 | | 1 440 | | |
| | 170 | | 500(3) | | 670 | | 670 | | |
| 3 000 | | | 3 000(5) | | | | | | |
| 500 | | | | 500 | | | | 500 | |
| 160 | | 500(3) | | 660 | | | | 660 | |
| | 240 | | | | 240 | | | | 240 |
| 11 800 | | | | 11 800 | | 11 800 | | | |
| 2 300 | | | | 2 300 | | 2 300 | | | |
| 1 800 | | | | 1 800 | | 1 800 | | | |
| 20 000 | | | 20 000(7) | | | | | | |
| 8 500 | | { | 2 000(7) 350(2) | 6 150 | | | | 6 150 | |
| 1 500 | | | 1 200(7) | 300 | | | | 300 | |
| 4 100 | | | 3 800(7) | 300 | | | | 300 | |
| 600 | | | 400(7) | 200 | | | | 200 | |
| | | 2 400(1) | | 2 400 | | | | 2 400 | |
| 2 500 | | | 500(7) | 2 000 | | | | 2 000 | |
| 2 000 | | | 200(7) | 1 800 | | | | 1 800 | |
| 5 500 | | { 28 100(7) 8 000(1) | { 35 000(8) 6 600(9) | | | | | | |
| | | 6 600(9) | | 6 600 | | 6 600 | | | |
| 59 000 | | 35 000(8) | | 94 000 | | 94 000 | | | |
| | 68 280 | 800(6) | | | 67 480 | | | | 67 480 |
| 800 | | | 800(6) | | | | | | |
| | | | | | | 53 410 | 53 410 | | |
| 335 860 | 335 860 | 85 410 | 85 410 | 331 900 | 331 900 | 317 590 | 317 590 | 67 720 | 67 720 |

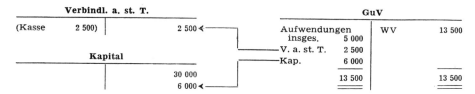

Buchungssatz: GuV an Verbindl. a. stillen Teilhaber

### b) Offene Handelsgesellschaft (OHG)

Hier sind mindestens 2 unbeschränkt haftende Inhaber vorhanden, so daß der Gewinn (bzw. Verlust) auf dem GuV-Konto zuerst — vertragsgemäß — zu verteilen ist, ehe die Buchungen auf den entsprechenden Kapitalkonten erfolgen. Ist vertraglich nichts über die Gewinnverteilung bestimmt, so findet § 121 HGB Anwendung: Jeder erhält zunächst 4 % Kapitalverzinsung; der Gewinnrest wird nach Köpfen verteilt.

**Beispiel**

Kapitaleinlagen: Gesellschafter A 20 000 DM, B 15 000 DM, C 5 000 DM. Gewinn: 4 000 DM.

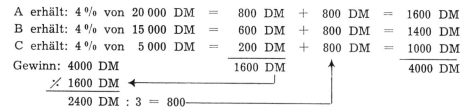

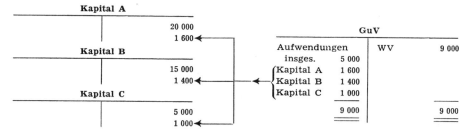

Buchungssatz: GuV an 3 Kapitalkonten

### c) Kommanditgesellschaft (KG)

Auch hier sind mindestens 2 Personen beteiligt, und zwar Vollhafter (Komplementäre) und Teilhafter (Kommanditisten). Während für die Vollhafter Kapital- und Privatkonten vorhanden sind, haben die Kommanditisten für ihre — in der Regel gleichbleibenden — Einlagen nur Kapitalkonten, da sie keine Privatentnahmen machen dürfen. Wie beim stillen Gesellschafter wird der ihnen zustehende („angemessene") Gewinn ebenfalls auf Kontokorrentkonten (Verbindlichkeiten an Kommanditisten) übertragen.

**Beispiel**

Kapital Vollhafter A zur Zeit 40 000 DM
Einlage Teilhafter B 10 000 DM
Einlage Teilhafter C 5 000 DM

Gewinnverteilung von 7970 DM:
5 % Kapitalverzinsung für alle, Gewinnrest 6 : 2 : 1.

A erhält:
5 % von 40 000 DM = 2000 DM + 6 × 580 = 3480 DM = 5480 DM

B erhält:
5 % von 10 000 DM = 500 DM + 2 × 580 = 1160 DM = 1660 DM

C erhält:
5 % von 5 000 DM = 250 DM + 1 × 580 = 580 DM = 830 DM
                   2750 DM                          7970 DM

Gewinn: 7970 DM
       ./. 2750 DM
       5220 DM : 9 = 580

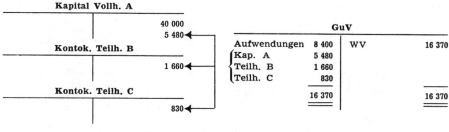

Buchungssätze: GuV an { Kapital A
                        Kontok. B
                        Kontok. C

### d) Gesellschaft mit beschränkter Haftung (GmbH)

Das in der Bilanz ausgewiesene Stammkapital setzt sich aus den festen Einlagen der einzelnen Gesellschafter zusammen. Die Gewinnverteilung richtet sich nach dem Gesellschaftsvertrag. Die einzelnen Gewinnanteile werden nicht den einzelnen Einlagen zugeschrieben, sondern auf besonderen Konten, die auch evtl. Privatentnahmen aufnehmen, verrechnet. Sind diese Gewinne bei der Bilanzaufstellung noch nicht abgehoben, so erscheinen diese Sonderkonten als „Verbindlichkeiten an Gesellschafter" auf der Passivseite der Bilanz.

**Beispiel**

Stammkapital: 80 000 DM; davon A 40 000 DM, B 20 000 DM, C 10 000 DM, D und E je 5000 DM.

Reingewinn: 14 600 DM, davon 3000 DM auf freie (freiwillige) Rücklage. Die Verteilung an die Gesellschafter soll im Verhältnis zu ihren Einlagen erfolgen (8 : 4 : 2 : 1 : 1); A erhält aber für seine Geschäftsführung vorweg 2000 DM.

```
   14 600 DM
./. 3 000 DM  Rücklage
   11 600 DM
./. 2 000 DM  für A
    9 600 DM : 16 = 600
```

A erhält also 2000 DM + 8 × 600 = 6800 DM ⎫
B erhält also              4 × 600 = 2400 DM ⎪
C erhält also              2 × 600 = 1200 DM ⎬ = 11 600 DM
D erhält also              1 × 600 =  600 DM ⎪
E erhält also              1 × 600 =  600 DM ⎭

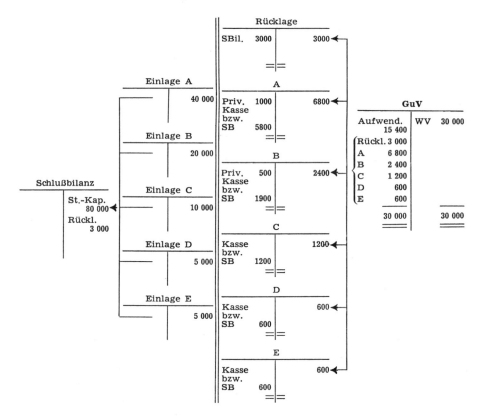

### e) Aktiengesellschaft (AG)

Bei den Buchführungs- und Abschlußarbeiten in der AG sind mancherlei gesetzliche Vorschriften zu beachten. Unter anderem müssen Bilanz sowie

Gewinn- und Verlustrechnung nach einem bestimmten Schema aufgestellt werden (vgl. Anhang S. 176 ff.).

Da das Grundkapital der AG wie das Stammkapital der GmbH unverändert bleibt, muß der Gewinn in der Bilanz (auf der Passivseite!) besonders ausgewiesen werden. (Nach der Gewinnverteilung und -auszahlung ist es nur noch der für das nächste Jahr verbleibende Gewinnrest.)

Vom Jahresüberschuß (./. evtl. Verlustvortrag) sind zunächst 5 % der gesetzlichen Rücklage zuzuführen (so lange, bis 10 % des Aktienkapitals erreicht sind). Weitere Beträge kommen für freiwillige Rücklagen, Vergütungen (Tantiemen) an Vorstand und Aufsichtsrat in Betracht, während die Aktionäre einen bestimmten — je nach Gesamterfolg schwankenden — Prozentsatz Dividende (auf den Nennwert der Aktien) erhalten.

*Gewinnbeteiligung des Vorstandes*

Der im Geschäftsjahr erzielte Ertrag = J a h r e s ü b e r s c h u ß ist Ausgangspunkt für die Berechnung der Gewinnbeteiligung. Vom Jahresüberschuß sind abzuziehen ein Verlustvortrag aus dem Vorjahr und die Beträge, die *nach Gesetz oder Satzung* aus dem Jahresüberschuß in offene Rücklagen eingestellt werden müssen (Zuweisungen zur gesetzlichen Rücklage nach § 150 Abs. 2 Ziff. 1 AktG und zu freien Rücklagen nach § 58 Abs. 1 AktG). Die *freiwillig* in offene Rücklagen eingestellten Beträge (nach § 58 Abs. 2 und § 174 AktG) sind bei der Berechnung der Gewinnbeteiligung nicht zu kürzen.

*Gewinnbeteiligung des Aufsichtsrates*

Die Berechnung der gewinnabhängigen Tantieme geht hier vom B i l a n z g e w i n n aus. Die Gewinnbeteiligung erstreckt sich auch auf Beträge, die durch Auflösung von Rücklagen und Einbeziehung von Gewinnvorträgen den Bilanzgewinn erhöhen. Der Aufsichtsrat erhält allerdings erst dann eine Gewinnbeteiligung, wenn der Bilanzgewinn höher ist als der Betrag, der zuvor für eine *Mindestdividende* von 4 % (Vordividende) für die Aktionäre gebraucht wird. Aus diesem Grunde müssen vom Bilanzgewinn vorweg mindestens 4 % der auf den Nennbetrag der Aktien geleisteten Einlagen abgezogen werden.

**Beispiel**

| | |
|---|---:|
| Voll eingezahltes Grundkapital | 8 000 000 |
| Jahresüberschuß | 1 300 000 |
| Verlustvortrag aus dem Vorjahr | 100 000 |

In die gesetzliche Rücklage sind nur Beträge gemäß § 150 Abs. 2 Ziff. 1 AktG eingestellt worden. Vorstand und Aufsichtsrat haben nach § 58 Abs. 2 AktG ein Fünftel des Jahresüberschusses in freie Rücklagen eingestellt. Die Hauptversammlung beschließt: Tantieme für den Vorstand 10 %, für den Aufsichtsrat 15 %, Dividende 6 % und Vortrag des Restgewinns.

1. Wie hoch sind die in gesetzliche und freie Rücklagen eingestellten Beträge und der Bilanzgewinn?
2. Welche Tantiemen erhalten Vorstand und Aufsichtsrat?
3. Welcher Betrag verbleibt als Gewinnvortrag?

Lösung

| | | |
|---|---:|---:|
| Jahresüberschuß | | 1 300 000 |
| Verlustvortrag | | 100 000 |
| | | 1 200 000 |

Einstellung in offene Rücklagen:

| | | | |
|---|---:|---:|---:|
| a) in die gesetzliche Rücklage: 5 % von 1 200 000 DM | 60 000 | | |
| b) in freie Rücklagen: 20 % von 1 300 000 DM | 260 000 | 320 000 | |
| Bilanzgewinn | | 880 000 | |

Berechnung der *Vorstandstantieme*:

| | | |
|---|---:|---:|
| Jahresüberschuß | | 1 300 000 |
| Als nicht tantiemeberechtigt abzuziehende Beträge: | | |
| Verlustvortrag | 100 000 | |
| In gesetzliche Rücklage eingestellter Betrag | 60 000 | 160 000 |
| Ausgangswert für die Tantiemeberechnung | | 1 140 000 |
| Vorstandstantieme: 10 % von 1 140 000 | | 114 000 |

Berechnung der *Aufsichtsratstantieme*:

| | |
|---|---:|
| Bilanzgewinn | 880 000 |
| ./. Vordividende: 4 % von 8 000 000 DM | 320 000 |
| Ausgangswert für die Tantiemeberechnung | 560 000 |
| Aufsichtsratstantieme: 15 % von 560 000 DM | 84 000 |

Gewinnverwendung:

| | |
|---|---:|
| Vorstandstantieme | 114 000 |
| Aufsichtsratstantieme | 84 000 |
| 6 % Dividende | 480 000 |
| Gewinnvortrag | 202 000 |
| Summe = Bilanzgewinn | 880 000 |

Die Buchungen erfolgen am besten mit Hilfe eines Gewinnverteilungskontos:

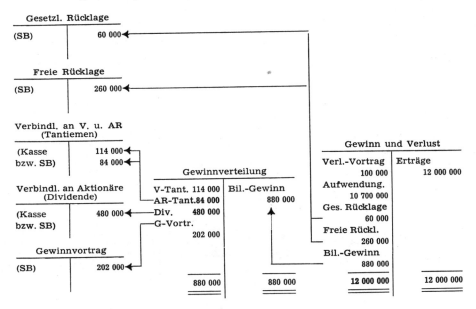

Buchungssätze:

    GuV an Gesetzliche Rücklage
        an Freie Rücklage
        an Gewinnverteilung

    Gewinnverteilung an Verbindlichk. Vorst. u. AR
          an Verbindlichk. Aktionäre
          an Gewinnvortrag

### f) Kommanditgesellschaft auf Aktien (KGaA)

Die Buchführung dieser Gesellschaftsform unterliegt den gleichen Vorschriften wie die der AG. Da hier jedoch außer den Aktionären (Kommanditisten) noch mindestens ein vollhaftender Gesellschafter Miteigentümer ist, werden außer dem unveränderlichen Aktienkapitalkonto noch besondere Kapital- und Privatkonten für diese Vollhafter (Komplementäre) geführt. Gewinn und Verlust werden hier — wie bei Einzelunternehmen und OHG — direkt zu- bzw. abgeschrieben.

**Anhang**

**Kontenrahmen**

| Klasse 0<br>Anlage- und Kapitalkonten | Klasse 1<br>Finanzkonten | Klasse 2<br>Abgrenzungskonten | Klasse 3<br>Wareneinkaufskonten |
|---|---|---|---|
| 00 Bebaute Grundstücke (Gebäude)<br>01 Unbebaute Grundstücke<br>02 Maschinen, maschinelle Anlagen, Werkzeuge und Transporteinrichtungen<br>03 Betriebs- und Geschäftsausstattung (z. B. Laden- u. Lagereinrichtung, Büromaschinen)<br>04 Rechtswerte und Sicherheiten (z. B. Konzessionen, Patente, Lizenzen)<br>05 Beteiligungen<br>06 Langfristige Forderungen<br>07 Langfristige Verbindlichkeiten<br>08 Kapital und Rücklagen<br>09 Wertberichtigung, Rückstellung, Posten der Jahresabgrenzung | 10 Kasse (z. B. Hauptkasse, Portokasse)<br>11 Postscheck- und Landeszentralbank<br>12 Banken und Sparkassen<br>13 Besitzwechsel, Schecks und sonstige Wertpapiere<br>14 Forderungen aus Warenlieferungen und Leistungen<br>15 Sonstige kurzfristige Forderungen<br>16 Verbindlichkeiten aus Warenlieferungen und Leistungen<br>17 Schuldwechsel<br>18 Sonstige kurzfristige Verbindlichkeiten<br>19 Privatkonten | 20 Außerordentliche und betriebsfremde Aufwendungen (z. B. Verluste aus Schadensfällen)<br>21 Außerordentliche und betriebsfremde Erträge (z. B. Erträge aus Einrichtungsverkäufen)<br>22 Haus- und Grundstücksaufwendungen und -erträge (z. B. Reparaturen, Abschreibung auf Gebäude usw.)<br>Die Gruppen 23—29 stehen für eine etwaige weitere Unterteilung der Abgrenzungskonten zur Verfügung, wie z. B. für den Ausweis von Zinsen, die keinen betrieblichen Aufwand darstellen | 30/36 Wareneinkäufe netto (reine Einkaufspreise) Unterteilung des Wareneinkaufs nach Warengruppen<br>37 Warenbezugs- und -nebenkosten (z. B. Fracht, Verpackung, Zölle usw.)<br>38 Nachlässe (z. B. Skonti, Boni usw.)<br>39 Konsignations- u. Kommissionsware |

## des Einzelhandels

| Klasse 4<br>Konten der<br>Kostenarten | Klasse 5<br>Verrechnete<br>Kosten | Klasse 6<br>Kosten der<br>Nebenbetriebe | Klasse 7 | Klasse 8<br>Erlöskonten | Klasse 9<br>Abschlußkonten |
|---|---|---|---|---|---|
| 40 Personalkosten (z. B. Löhne, Gehälter, Unternehmerlohn, gesetzliche und freiwillige soziale Aufwendungen)<br><br>41 Miete oder Mietwert<br><br>42 Sachkosten für Geschäftsräume (z. B. Heizung, Beleuchtung, Reinigung, Schönheitsreparaturen usw.)<br><br>43 Steuern, Abgaben und Pflichtbeiträge des Betriebes<br><br>44 Sachkosten für Werbung<br><br>45 Sachkosten für Warenabgabe u. -zustellung<br><br>46 Zinsen<br><br>47 Abschreibungen (außer auf Gebäude, die zu Gruppe 22 gehören)<br><br>48 Sonstige Geschäftsausgaben (z. B. Porto, Telefonspesen, Büromaterial)<br><br>49 Sonstige Einzelkosten | frei für Kostenstellenrechnung | frei<br>für Kosten der dem Einzelhandelsbetrieb angegliederten Nebenbetriebe | frei | 80 bis 88 Warenverkäufe Unterteilung der Erlöse nach Waren- und (oder) Erlösgruppen<br><br>89 Erlösschmälerungen (z. B. Gutschriften usw.) | 90 Abgrenzungssammelkonto<br><br>91 Monats- Gewinn- und Verlustkonto<br><br>92 Monatsbilanzkonto<br><br>93 Jahres- Gewinn- und Verlustkonto<br><br>94 Jahresbilanzkonto |

**Kontenrahmen**

| Klasse 0<br>Anlage- und Kapitalkonten | Klasse 1<br>Finanzkonten | Klasse 2<br>Abgrenzungskonten | Klasse 3<br>Wareneinkaufskonten |
|---|---|---|---|
| 00 Bebaute Grundstücke<br>01 Unbebaute Grundstücke<br>02 Maschinen und maschinelle Anlagen einschließlich Transporteinrichtungen<br>03 Betriebs- und Geschäftsausstattung<br>04 Rechtswerte (Konzessionen, Patente, Lizenzen, Marken- und ähnliche Rechte)<br>05 Beteiligungen und andere Wertpapiere des Anlagevermögens<br>06 Langfristige Forderungen<br>07 Langfristige Verbindlichkeiten<br>08 Kapital und Rücklagen<br>09 Wertberichtigungen, Rückstellungen, Rechnungsabgrenzungen | 10 Forderungen auf Grund von Warenlieferungen und Leistungen<br>11 Sonstige Forderungen<br>12 Wertpapiere<br>13 Banken (ohne Landeszentralbank und Postscheck)<br>14 Wechsel (in- und ausländischer Währung)<br>15 Zahlungsmittel<br>16 Privatkonten (für Einzelfirmen und Personengesellschaften)<br>17 Verbindlichkeiten auf Grund von Warenlieferungen und Leistungen<br>18 Schuldwechsel<br>19 Sonstige Verbindlichkeiten | 20 Außerordentliche u. betriebsfremde Aufwendungen<br>21 Zinsaufwendungen<br>22 Ertrag- und Vermögensteuern<br>23 Haus- und Grundstücksaufwendungen<br>24 Großreparaturen und im Bau befindliche Anlagen<br>27 Außerordentliche und betriebsfremde Erträge<br>28 Zinserträge<br>29 Haus- und Grundstückserträge | 30 Warengruppe 1<br>   300 Fakturenbetrag (vermindert um die bei Rechnungserteilung feststehenden Rabatte, jedoch ohne Abzug von Skonto)<br>   301 Zölle<br>   302 Verbrauchsabgaben<br>   303 Kursdifferenzen<br>   304 Frachten und sonstige Beschaffungsspesen<br>31 Warengruppe 2 (Unterteilung wie 1)<br>32 Warengruppe 3 (Unterteilung wie 1)<br>33 Warengruppe 4 (Unterteilung wie 1)<br>34 Warengruppe 5 (Unterteilung wie 1)<br>usw. |

## des Großhandels

| Klasse 4<br>Boni und Skonti | Klasse 5<br>Konten der Kostenarten | Klasse 6 | Klasse 7 | Klasse 8<br>Warenverkaufskonten | Klasse 9<br>Abschlußkonten |
|---|---|---|---|---|---|
| 40 Gewährte Boni an Kunden<br><br>41 Gewährte Skonti an Kunden<br><br>47 Nachträglich gewährte Boni von Lieferanten<br><br>48 Gewährte Skonti von Lieferanten | 50 Personalkosten (Löhne, Gehälter, soziale Aufwendungen u. ähnliches)<br><br>51 Miete und sonstige Sachkosten für Geschäftsräume<br><br>52 Steuern, Abgaben, Pflichtbeiträge<br><br>53 Nebenkosten des Finanz- und Geldverkehrs<br><br>54 Besondere Kostenarten für Werbung und Reise<br><br>55 Provisionen<br><br>56 Transportkosten (für nicht betriebseigene Transportmittel und Verpackung)<br><br>57 Kosten des Fuhr- und Wagenparks<br><br>58 Allgemeine Verwaltungskosten<br><br>59 Abschreibungen | frei für Konten der Kosten von Nebenbetrieben | frei | 80 Warengruppe 1<br><br>   800 Bruttoverkaufserlös (ohne Skontoabzug)<br><br>   801 Retouren und Gutschriften<br><br>81 Warengruppe 2 (Unterteilung wie 1)<br><br>82 Warengruppe 3 (Unterteilung wie 1)<br><br>83 Warengruppe 4 (Unterteilung wie 1)<br><br>84 Warengruppe 5 (Unterteilung wie 1)<br><br>usw. | 91 Monats-Gewinn- und Verlust-Konto<br><br>92 Monats-Bilanzkonto<br><br>93 Jahres-Gewinn- und Verlust-Konto<br><br>94 Jahres-Bilanzkonto |

**Kontenrahmen für**

| Klasse 0<br>Ruhende Konten<br>(Anlage- und<br>Kapitalkonten) | Klasse 1<br>Finanzkonten | Klasse 2<br>Abgrenzungs-<br>konten | Klasse 3<br>Konten der<br>Roh-, Hilfs- und<br>Betriebsstoffe | Klasse 4<br>Konten der<br>Kostenarten |
|---|---|---|---|---|
| 00 Bebaute Grundstücke<br>000 Fabrikgeb.<br>001 Lagergeb.<br>002 Bürogeb.<br>003 Werkswohnungen<br>01 Unbebaute Grundstücke<br>02 Maschinen u. maschinelle Anlagen<br>03 Förderanlagen u. Transporteinrichtungen<br>04 Werkzeuge, Betriebs- u. Geschäftsausstattung<br>05 Konzessionen, Patente, Lizenzen, Marken und ähnl. Rechte<br>06 Beteiligungen u. langfristige Forderungen<br>07 Langfristige Verbindlichkeiten<br>08 Kapital und Rücklagen<br>080 Grundkap.<br>081 Ges. Rückl.<br>082 Freiw. Rücklagen<br>09 Wertberichtigungen, Rückstellungen, Abgrenzungsposten | 10 Kasse<br>100 Hauptkasse<br>101 Frachtenkasse<br>102 Portokasse<br>11 Postscheck und Bank<br>110 Postscheck<br>113 LZ-Bank<br>115 Sonstige Banken<br>12 Wechsel, Schecks, Devisen<br>13 Wertpapiere<br>130 Eig. Aktien<br>133 Sonstige Wertpapiere<br>14 Kundenforderungen<br>140 Forderung.<br>149 Zweifelh. Forderung.<br>15 Sonstige Forderungen<br>16 Verbindlichk. aus Warenlieferungen u. Leistungen<br>17 Schuldwechsel<br>18 Sonstige Verbindlichk.<br>19 Sonstiges<br>197 Privatkonten | 20 Außerordentl. u. betriebsfremde Aufwendungen<br>21 Zinsaufwendungen<br>22 Ertragssteuern<br>220 Einkommen- bzw. Körpersch.-steuer<br>23 Haus- u. Grundstücksaufwendungen u. -erträge<br>24 Außerordentl. u. betriebsfremde Erträge<br>25 Zinserträge Lieferersконti<br>26 Großreparat. u. im Bau befindliche Anlagen (Fremdleistg.)<br>27 Vor- u. Nachleistung, zeitl. Ausgleich der Kostenarten<br>28 Preisdifferenzkonten<br>29 Sonstige Abgrenzungskonten<br>290 Buchhalt. Abschreibg.<br>291 Verr. kalkulat. Abschreibg. | 30 Rohstoffe<br>33 Hilfsstoffe<br>34 Betriebsstoffe<br>35 Kleinmaterial<br>36 Bezogene Teile | 40 Fertigungslöhne<br>41 Hilfslöhne<br>416 Reparaturlöhne<br>417 Urlaubslöhne<br>418 Transportlöhne<br>42 Gehälter<br>43 Soz. Aufwdg.<br>430—435 Ges.<br>436—439 Freiw.<br>44 Hilfs- und Betriebsstoffe (Heizmaterial, Treibstoff, Reparaturmat., Verpackungsmaterial)<br>45 Strom, Gas, Wasser<br>46 Abschreibg., Instandsetzungen<br>47 Steuern, Gebühren, Beiträge, Versicherung<br>48 Versch. Kosten (Post-, Reise-, Werbe-, Mietekosten usw.)<br>49 Sondereinzelkosten<br>490 d. Fertg.<br>495 d. Vertriebs |

**den Fertigungsbetrieb**

| Klasse 5<br>Verrechnungs-<br>konten | Klasse 6 | Klasse 7<br>Konten der<br>Halb- u. Fertig-<br>erzeugnisse | Klasse 8<br>Erlöskonten | Klasse 9<br>Abschluß-<br>konten |
|---|---|---|---|---|
| 50 Verrechnete Einzelstoff-kosten<br><br>51 Verrechnete Fertigungs-löhne<br><br>52 Verrechnete Fertigungs-gemeinkosten<br><br>53 Verrechnete Material-gemeinkosten<br><br>54 Verrechnete Verwaltungs-gemeinkosten<br><br>55 Verrechnete Vertriebs-gemeinkosten | [60 Herstel-lungs-konto]<br><br>Frei für buchhalter. Kostenstellenrechnung in Verbindung mit (der dann freien) Klasse 5 | 70 ⎫<br>71 ⎬ Halberzeugnisse<br>72 ⎭<br>73 ⎫<br>74 ⎬ Fertigerzeugnisse<br>75 ⎭<br>76 Selbsterstellte Anlagen, Werkzeuge<br>77 Teile eigener Herstellung<br>78 Wert-erhöhende Groß-reparaturen | 80 ⎫<br> ⎪<br> ⎬ Verkaufskonten (abgesetzte Fertigerzeugnisse)<br>81 ⎪<br> ⎪<br>82 ⎭<br>83 Erlöse aus Abfall-verwertung<br>84 Handelswaren<br>85 Erlösschmäle-rungen (Skonti, Rabatte) | 90 Abgrenzungs-sammelkonto<br><br>91 Monats-Gewinn- u. Verlustkonto<br><br>93 Jahres-Gewinn- u. Verlustkonto<br><br>94 Jahres-bilanzkonto |

# Gemeinschaftskontenrahmen

| Klasse 0 | Klasse 1 |
|---|---|
| Anlagevermögen und langfristiges Kapital | Finanz-Umlaufvermögen und kurzfristige Verbindlichkeiten |

**Anlagevermögen**
00 **Grundstücke und Gebäude**
   000   Unbebaute Grundstücke
   001/02   Bebaute Grundstücke
   003/07   Gebäude
   008   Im Bau befindliche Gebäude
   009   Abschreibungen (aktiv abgesetzte Wertberichtigungen) auf Grundstücke und Gebäude[1])
01 **Maschinen und Anlagen der Hauptbetriebe**
   010/19   Maschinen und Anlagen der Hauptbetriebe
02 **Maschinen und Anlagen der Neben- und Hilfsbetriebe**
   020/21   Maschinen und Anlagen der Nebenbetriebe
   022   Maschinen und Anlagen der Hilfswerkstätten
   023/25   Maschinen und Anlagen zur Umwandlung und Weiterleitung von Energie und dergleichen
   026/27   Maschinen und Anlagen des Transports
   028   Im Bau befindliche Maschinen und Anlagen
   029   Abschreibungen (aktiv abgesetzte Wertberichtigungen) auf Maschinen und Anlagen[1])
03 **Fahrzeuge, Werkzeuge, Betriebs- und Geschäftsausstattung**
   030/33   Fahrzeuge und Transportgeräte
   034/36   Werkzeuge, Werksgeräte u. dgl.
   037/38   Betriebs- und Geschäftsausstattung
   039   Abschreibungen (aktiv abgesetzte Wertberichtigungen) auf Fahrzeuge, Werkzeuge, Betriebs- u. Geschäftsausstattung[1])
04 **Sachanlagen-Sammelkonten**
   041/44   Sammelkonten für Anlagen-Zugang, fremd
   045   Sammelkonten für Anlagen-Zugang, eigen
   049   Sammelkonten für Anlagen-Abgang
05 **Sonstiges Anlagevermögen**
Bewertbare Rechte
   050/52   Urheber- und andere bewertbare Rechte
   053   Abschreibungen (aktiv abgesetzte Wertberichtigungen) auf bewertbare Rechte[1])
Finanzanlagevermögen u. dgl.
   054   Beteiligungen
   055   Wertpapiere des Anlagevermögens
   056   Grundpfandforderungen
   057   Andere langfristige Forderungen
   058   Aktiv-Gegenposten zu Eigen- und langfristigem Fremdkapital
   059   Abschreibungen (aktiv abgesetzte Wertberichtigungen) auf das Finanzanlagevermögen u. dgl.[1])

**Langfristiges Kapital**
06 **Langfristiges Fremdkapital**
   060/61   Anleihen
   063/65   Grundpfandschulden
   066/69   Andere langfristige Verbindlichkeiten
07 **Eigenkapital**
— Bei Kapital-Gesellschaften
   070/71   Grundkapital
   072   Gesetzliche Rücklage
   073/76   Freie Rücklagen
   077/78   Kapitalentwertungs- und verlustkonten
   079   Gewinn- und Verlust-Vortrag
— Bei Personen-Gesellschaften
   070/73   Kapitalkonten

Berichtigungen zur Bilanz und Ergebnisrechnung
08 **Wertberichtigungen, Rückstellungen u. dgl.**
   080/84   Passive Wertberichtigungen[2])
   085/87   Rückstellungen
   088/89   Bürgschaftsverpflichtungen, Rückgriffsrechte (Avale) u. dgl.
09 **Rechnungsabgrenzung**
   090   Rechnungsabgrenzung in der Zwischenbilanz (Sammelkonto. Zeitlicher Aufwandsausgleich)[3])
   098   Aktive Rechnungsabgrenzungsposten der Jahresbilanz
   099   Passive Rechnungsabgrenzungsposten der Jahresbilanz

---

[1]) Anwendung bei aktiven Wertberichtigungen
[2]) Anwendung bei passiven Wertberichtigungen
[3]) Als Sammelgegenkonto zu 498 oder 090/97 Untergliederung gemäß Kostenartengruppen

**Finanz-Umlaufvermögen**
10 **Kasse**
   100   Hauptkasse
   105/09   Nebenkassen
11 **Geldanstalten**
   110/11   Postscheck
   112   Landeszentralbank
   113/19   Banken
12 **Schecks, Besitzwechsel**
   120/24   Schecks
   125/29   Besitzwechsel
13 **Wertpapiere des Umlaufvermögens**
   130/36   Allgemeine Wertpapiere des Umlaufvermögens
   137/38   Eigene Aktien und Aktien einer herrschenden Gesellschaft
   139   Wertberichtigungen (aktiv abgesetzte) auf Wertpapiere des Umlaufvermögens
14/15 **Forderungen**
   140   Forderungen auf Grund von Warenlieferungen und Leistungen
   141/49   Aufgliederung nach Kundengruppen[4])
   150   andere Forderungen
   151   Selbst geleistete Anzahlungen[4])
   152   Forderungen an Unternehmen, mit denen ein wirtschaftlicher oder finanzieller Zusammenhang besteht[4])
   153   Forderungen an Vorstandsmitglieder, leitende Angestellte und Aufsichtsratsmitglieder[4])
   154/58   Sonstige Forderungen[4])
   159   Wertberichtigungen (aktiv abgesetzte) auf Forderungen (Delkredere)

**Kurzfristige Verbindlichkeiten**
16/17 **Verbindlichkeiten**
   160   Verbindlichkeiten auf Grund von Warenlieferungen und Leistungen
   161/69   Aufgliederung nach Lieferantengruppen[4])
   170   Andere Verbindlichkeiten
   171   Anzahlungen von Kunden[4])
   172   Verbindlichkeiten gegenüber Unternehmen, mit denen ein wirtschaftlicher oder finanzieller Zusammenhang besteht[4])
   173   Von Belegschaftsmitgliedern gegebene Pfandgelder[4])
   174   Verbindlichkeiten aus Werkspareinlagen[4])
   175/78   Sonstige Verbindlichkeiten[4])
   179   Berichtigungen zu den Verbindlichkeiten
18 **Schuldwechsel, Bankschulden**
   180/81   Schuldwechsel
   182/89   Bankschulden

**Durchgangs-, Übergangs- und Privatkonten**
19 **Durchgangs-, Übergangs- und Privatkonten**
   190/91   Durchgangskonten für Rechnungen
   192/93   Durchgangskonten für Zahlungsverkehr (Kasse und Geldanstalten)
   194   Durchgangskonten für Zwischenkontierungen
   195/96   Übergangskonten
   197/99   Privatkonten

---

[4]) Vorzugsweise nur Personenkonten-Unterteilung

Entnommen aus den Gemeinschafts-Richtlinien für das Rechnungswesen, Ausgabe Industrie, herausgegeben vom Bundesverband der Deutschen Industrie, Betriebswirtschaftlicher Ausschuß, Frankfurt a. M.

## der Industrie (GKR)

| Klasse 2 | Klasse 3 | Klasse 4 |
|---|---|---|
| Neutrale Aufwendungen und Erträge | Stoffe-Bestände | Kostenarten |

**Klasse 2 — Neutrale Aufwendungen und Erträge**

- **20 Betriebsfremde Aufwendungen und Erträge**
  - 200/05 Betriebsfremde außerordentliche Aufwendungen u. Erträge
  - 206/09 Betriebsfremde ordentliche Aufwendungen und Erträge
- **21 Aufwendungen und Erträge für Grundstücke und Gebäude**
  - 210/19 Aufwendungen und Erträge für Grundstücke und Gebäude
- **23 Bilanzmäßige Abschreibungen**
  - 230/39 Bilanzmäßige Abschreibungen
- **24 Zins-Aufwendungen und -Erträge**
  - Zins-Aufwendungen u. dgl.
  - 240/41 Zins-Aufwendungen
  - 242 Diskont-Aufwendungen
  - 243 Kreditprovisionen
  - 244 Skonto-Aufwendungen
  - 245/46 Zins-Erträge
  - 247 Diskont-Erträge
  - 248 Skonto-Erträge
- **25/26 Betriebliche außerordentliche Aufwendungen und Erträge**
  - **25 Betriebliche außergewöhnliche Aufwendungen und Erträge**
    - 250/51 Eingetretene Wagnisse (gegebenenfalls aufgegliedert nach Wagnisarten)
    - 252/59 Andere betriebliche außergewöhnliche Aufwendungen und Erträge
  - **26 Betriebliche periodenfremde Aufwendungen und Erträge**
    - Betriebliche periodenfremde Aufwendungen
    - Mehrere oder andere Zeitabschnitte betreffende Aufwendungen für
    - 260 Sachanlagen
    - 261/65 Instandhaltung usw.
    - 266 Entwicklungs- und Versuchsarbeiten
    - 267 Steuern
    - 268 Sonstige betriebliche periodenfremde Aufwendungen
    - 269 Betriebliche periodenfremde Erträge
- **27/28 Gegenposten der Kosten- und Leistungsrechnung**
  - **27 Verrechnete Anteile betrieblicher periodenfremder Aufwendungen** (Aufgliederung entsprechend Kontengruppe 26)
  - **28 Verrechnete kalkulatorische Kosten**
    - 280 Verrechnete verbrauchsbedingte Abschreibungen
    - 281 Verrechnete betriebsbedingte Zinsen
    - 282 Verrechnete betriebsbedingte Wagnisse
    - 283 Verrechneter Unternehmerlohn
    - 284 Verrechnete sonstige kalkulatorische Kosten
- **29 Das Gesamtergebnis betreffende Aufwendungen und Erträge**
  - 290/99 Das Gesamtergebnis betreffende Aufwendungen und Erträge z. B. Körperschaftsteuer

**Klasse 3 — Stoffe-Bestände**

- 30/37 Roh-, Hilfs- u. Betriebsstoffe u. dgl.
  - 300/02 Stoffe-Sammelkonten
  - 303/79 Roh-, Hilfs- und Betriebsstoffe u. dgl.
- 38 Bestandteile, Fertigteile, Auswärtige Bearbeitung [5]
  - 380/89 Bestandteile, Fertigteile, Auswärtige Bearbeitung
- 39 Handelswaren und auswärts bezogene Fertigerzeugnisse (Fertigwaren) [6]
  - 390/94 Handelswaren
  - 395 Auswärts bezogene Fertigerzeugnisse (Fertigwaren)
  - 397 Wertberichtigungen (aktiv abgesetzte) auf Stoffe-Bestände

[5] Vgl. Fußnote 15
[6] Vgl. Fußnote 16

**Klasse 4 — Kostenarten**

- **40/42 Stoffkosten u. dgl.**
  - 40/41 Stoffverbrauch u. dgl.
  - 400 Stoffverbrauch-Sammelkonto [7]
    - Gegebenenfalls Aufgliederung [8]:
    - 401/19 Einsatz-, Fertigungsstoffe u. dgl.
      - Auswärtige Bearbeitung
      - Hilfs- und Betriebsstoffe u. dgl. [9]
      - Werkzeuge u. dgl. [9] [10]
  - **42 Brennstoffe, Energie u. dgl.**
    - 420 Brenn- und Treibstoffe
    - 429 Energie u. dgl. [10]
      - Gegebenenf. Aufgliederung [8]:
      - 420/29 Brenn- und Treibstoffe: fest, flüssig, gasförmig
        - Energie: Dampf, Strom, Wasser usw.
- **43/44 Personalkosten u. dgl.**
  - **43 Löhne und Gehälter**
    - 430 Löhne-Sammelkonto
      - Gegebenenf. Aufgliederung [8]:
      - 431/38 Fertigungslöhne u. dgl.
        - Hilfslöhne
        - Andere Löhne
    - 439 Gehälter
  - **44 Sozialkosten und andere Personalkosten**
    - 440/47 Sozialkosten
    - 440 Gesetzliche Sozialkosten
    - 447 Freiwillige Sozialkosten
      - 440/47 Gegebenenfalls Aufgliederung der gesetzlichen u. freiw. Sozialkosten
    - 448 Andere Personalkosten
- **45 Instandhaltung, verschiedene Leistungen u. dgl. [10]**
  - 450 Instandhaltung [10]
    - Gegebenenf. Aufgliederung [8]:
    - 450/54 Instandhaltung an Grundstücken und Gebäuden [10]
      - Instandhaltung an Maschinen und Anlagen [10]
      - Instandhaltung an Fahrzeugen, Werkzeugen, Betriebs- und Geschäftsausstattung [10]
      - Instandhaltungs-Ratenverrechnung
      - Ratenausgleich
  - 455 Allgemeine Dienstleistungen [10]
  - 456 Entwicklungs-, Versuchskosten u. dgl. [10]
  - 457 Mehr- bzw. Minderkosten [10]
    - Gegebenenf. Aufgliederung [8]:
    - 457/59 Über-, Unterschreitungen, Ausschuß, Gewährleistungen usw. [10]
- **46 Steuern, Gebühren, Beiträge, Versicherungsprämien u. dgl.**
  - 460 Steuern
    - Gegebenenfalls Aufgliederung:
    - 460 Vermögen-, Grundst. u. dgl.

— Fortsetzung unter Klassen 5/6 —

[7] Die Geschäftsbuchführung kann sich auf die Führung dieses Sammelkontos für den gesamten Stoffverbrauch u. dgl. beschränken.
[8] Vorzugsweise nur in der Kosten- und Leistungsrechnung
[9] Diese Kostenarten bzw. Kostenartengruppen können auch zwischen „Personalkosten u. dgl." und „Instandhaltung, verschiedene Leistungen u. dgl." eingeordnet werden
[10] In der Buchführung: Vorzugsweise nur direkter Fremdanfall

# Gemeinschaftskontenrahmen der Industrie (GKR)

| Klassen 5/6 | Klasse 7 | Klasse 9 |
|---|---|---|
| Kostenstellen | Kostenträger Bestände an halbfertigen und fertigen Erzeugnissen | Abschluß |

**Klassen 5/6 – Kostenstellen**

Frei für Kostenstellen-Kontierungen der Betriebsabrechnung

— Fortsetzung von Klasse 4 —

- 461 Gewerbesteuer
- 462
- 463 Andere Steuern
- 464 Abgaben, Gebühren u. dgl.
  Gegebenenfalls Aufgliederung:
  - 464 Allgemeine Abgaben und Gebühren
  - 465 Gebühren u. dgl. für den gewerbl. Rechtsschutz
  - 466 Gebühren u. dgl. für den allgemeinen Rechtsschutz
  - 467 Prüfungsgebühren u. dgl.
- 468 Beiträge und Spenden
- 469 Versicherungsprämien

47 Mieten, Verkehrs-, Büro-, Werbekosten u. dgl.
- 470/71 Raum-, Maschinen-Mieten (-Kosten) u. dgl.¹⁰)
- 472/75 Verkehrskosten
  Gegebenenfalls Aufgliederung:
  - 472 Allgemeine Transportkosten
  - 473 Versandkosten
  - 474 Reisekosten
  - 475 Postkosten
- 476 Bürokosten
- 477/78 Werbe- und Vertreterkosten¹⁰)
- 479 Finanzspesen und sonstige Kosten

48 Kalkulatorische Kosten
- 480 Verbrauchsbedingte Abschreibungen
- 481 Betriebsbedingte Zinsen
- 482 Betriebsbedingte Wagnisse
- 483 Unternehmerlohn
- 484 Sonstige kalkulatorische Kosten

49 Innerbetriebliche Kostenverrechnung, Sondereinzelkosten und Sammelverrechnungen
- 490/97 Innerbetriebliche Kostenverrechnung Sondereinzelkosten¹²)
- 498 Sammelkonto Zeitliche Abgrenzung¹³)
- 499 Sammelkonto Kostenarten¹⁴)

**Klasse 7 – Kostenträger Bestände an halbfertigen und fertigen Erzeugnissen**

70/77 Frei für Kostenträger-Bestands-Kontierungen der Betriebsabrechnung

78 Bestände an halbfertigen Erzeugnissen¹⁵)

79 Bestände an fertigen Erzeugnissen¹⁶)
- 790/98 Bestände an fertigen Erzeugnissen
- 799 Wertberichtigungen (aktiv abgesetzte) auf Bestände an halbfertigen und fertigen Erzeugnissen

¹⁵) Kann auch mit Kontengruppe 38 zu: „Bestände an halbfertigen Erzeugnissen" in der Geschäftsbuchführung vereinigt werden.
¹⁶) Kann auch mit Kontengruppe 39 zu: „Bestände an fertigen Erzeugnissen" in der Geschäftsbuchführung vereinigt werden.

**Klasse 8 – Kostenträger Erträge¹⁷)**

80/82 Frei für Kostenträger-Leistungs-Kontierungen (Umsatzkosten, Erlöse, Bestandsveränderungen) der Betriebsabrechnung¹⁸)

83/84 Erlöse für Erzeugnisse und andere Leistungen
- 830/49 Erlöse für Erzeugnisse und andere Leistungen

85 Erlöse für Handelswaren
- 850/59 Erlöse für Handelswaren

86 Erlöse aus Nebengeschäften
- 860/69 Erlöse aus Nebengeschäften

87 Eigenleistungen
- 870/79 Eigenleistungen

88 Erlösberichtigungen
- 880/82 Zusatzerlöse
- 883/89 Erlösschmälerungen

89 Bestandsveränderungen an halbfertigen und fertigen Erzeugnissen u. dgl.
- 890/99 Bestandsveränderungen (Mehr- u. Minderbestände) an halbfertigen und fertigen Erzeugnissen u. dgl.

¹⁷) Erträge = Erlöse (Umsatz) + Bestandsveränderungen
¹⁸) Die Kontengruppen 83—89 (Erträge) können auch in Klasse 9 mit der Nummernbezeichnung 90—96 geführt werden, wobei die Klasse 9 die Bezeichnung „Erträge und Abschluß" erhält und die Klasse 8 frei für Zwecke der Betriebsabrechnung — Umsatzkosten entsprechend der Gliederung der Erlöskonten — wird.

**Klasse 9 – Abschluß**

90/96 Frei für Sonderlösungen¹⁹)
97 Frei für Abschluß-Kontierung der Betriebsabrechnung

98 Gewinn- und Verlust-Konten (Ergebnis-Konten)
- 980 Betriebsergebnis
- 985/86 (Verrechnungsergebnis: Stoffe- und Erzeugnis-Umwertung)
- 987 Neutrales Ergebnis
- 988 Das Gesamtergebnis betreffende Aufwendungen und Erträge
- 989 Gewinn- u. Verlust-Konto

99 Bilanzkonten
- 998 Eröffnungsbilanz-Konto
- 999 Schlußbilanz-Konto

¹²) Nur wenn die Ausgliederung der Sondereinzelkosten nicht durch Eintragung in eine Spalte im Betriebsabrechnungsbogen (BAB) erfolgt
¹³) Gegenkonto zu 090 für summarische Behandlung des zeitlichen Aufwandsausgleiches
¹⁴) Sammeldurchgangskonto für laufende Buchungen bei monatlicher Einzelaufstellung o. dgl.

¹⁹) Vgl. Fußnote 18

# Industriekontenrahmen

Der Betriebswirtschaftliche Ausschuß des Bundesverbandes der Deutschen Industrie (BDI) hat 1971 in Weiterentwicklung des Gemeinschafts-Kontenrahmens (GKR) aus dem Jahre 1951 einen neuen Industrie-Kontenrahmen (IKR) geschaffen.

An dem neuen System sind einige wesentliche Neuerungen besonders augenfällig.

Dies ist einmal die strikte Trennung der beiden Rechnungskreise *Geschäftsbuchführung* einerseits sowie *Kosten- und Leistungsrechnung* andererseits (Zweikreissystem). Die Kontenklassen 0 bis 8 stehen ausschließlich den Aufgaben der Geschäftsbuchführung zur Verfügung, während die Klasse 9 ausschließlich der Aufnahme der Kosten- und Leistungsrechnung vorbehalten bleibt.

Zum anderen ist bemerkenswert, daß infolge der konsequenten Trennung der beiden Rechnungskreise sowohl das Abschluß- wie auch das Prozeßgliederungsprinzip verwendet werden. Aufgabengerecht werden die Kontenklassen der *Geschäftsbuchführung* gemäß den Rechnungslegungsvorschriften des Aktiengesetzes nach dem *Abschlußgliederungsprinzip* geordnet. Demgegenüber wird der Kontenklasse 9 das *Prozeßgliederungsprinzip* zugrunde gelegt, weil es in diesem Rechnungskreis darauf ankommt, die Kosten und Leistungen gemäß den Prozeßabläufen zu erfassen.

Wie bereits für den Gemeinschafts-Kontenrahmen von 1951, so gilt auch für den Industrie-Kontenrahmen, daß er als eine Empfehlung an die deutsche Industrie gedacht ist, d. h., es ist den BDI-Mitgliedsverbänden und den Unternehmen *freigestellt,* ob und wann sie das neue System übernehmen.

| Aktiva | BILANZKONTEN | Passiva |

**KLASSE 0**

**Sachanlagen und immaterielle Anlagewerte**

00 Frei
 (bei Kapitalgesellschaften: Ausstehende Einlagen auf das Grund- oder Stammkapital)
01 Grundstücke und grundstücksgleiche Rechte mit Geschäfts-, Fabrik- und anderen Bauten
02 Grundstücke und grundstücksgleiche Rechte mit Wohnbauten
03 Grundstücke und grundstücksgleiche Rechte ohne (eigene) Bauten
04 Bauten auf fremden Grundstücken, die nicht zu den Kontengruppen 01 oder 02 gehören
05 Maschinen und maschinelle Anlagen
06 Betriebs- und Geschäftsausstattung
07 Frei
 (z. B. für Festwertpositionen der Betriebs- und Geschäftsausstattung)
08 Anlagen in Bau und Anzahlungen auf Anlagen
09 Konzessionen, gewerbliche Schutzrechte und ähnliche Rechte sowie Lizenzen an solchen Rechten

**KLASSE 1**

**Finanzanlagen und Geldkonten**

10 Beteiligungen
11 Wertpapiere des Anlagevermögens, die nicht zu Kontengruppe 10 gehören
12 Ausleihungen mit einer Laufzeit von mindestens vier Jahren
13 Besitzwechsel
14 Schecks
15 Kassenbestand, Bundesbank- und Postscheckguthaben
16 Guthaben bei Kreditinstituten
17 Wertpapiere des Umlaufvermögens, die nicht zu den Kontengruppen 13, 14, 18 oder 19 oder zu 10, 11, 12 gehören
18 Frei
 (bei Aktiengesellschaften: Eigene Aktien)
19 Frei
 (bei Aktiengesellschaften: Anteile an einer herrschenden oder an der Gesellschaft mit Mehrheit beteiligten Kapitalgesellschaft oder bergrechtlichen Gewerkschaft)

**KLASSE 2**

**Vorräte, Forderungen und aktive Rechnungsabgrenzungsposten**

20 Roh-, Hilfs- und Betriebsstoffe
21 Unfertige Erzeugnisse
22 Fertige Erzeugnisse, Waren
23 Geleistete Anzahlungen für Gegenstände des Umlaufvermögens
24 Forderungen aus Lieferungen und Leistungen
25 Frei
 (bei Aktiengesellschaften: Forderungen an verbundene Unternehmen)
26 Frei
 (bei Aktiengesellschaften: Forderungen aus Krediten gemäß §§ 89 und 115 AktG)
27 Frei
28 Sonstige Vermögensgegenstände
29 Aktive Rechnungsabgrenzungsposten sowie Bilanzverlust

**KLASSE 3**

**Eigenkapital, Wertberichtigungen und Rückstellungen**

30—33 Eigenkapital
 1. Unternehmen, die das Jahresergebnis über das Eigenkapitalkonto abschließen
  30—33 Eigenkapitalkonten
 2. Unternehmen, die das Jahresergebnis nicht über das Eigenkapitalkonto abschließen
  30 Grund- oder Stammkapital
  31 Gesetzliche Rücklage
  32 Andere Rücklagen (freie Rücklagen)
  33 Frei
34 Sonderposten mit Rücklageanteil
35 Wertberichtigungen zu Sachanlagen
36 Wertberichtigungen zu Beteiligungen und zu Wertpapieren des Anlagevermögens
37 Pauschalwertberichtigung zu Forderungen
38 Pensionsrückstellungen
39 Andere Rückstellungen

**KLASSE 4**

**Verbindlichkeiten und passive Rechnungsabgrenzungsposten**

40 Anleihen mit einer Laufzeit von mindestens vier Jahren
41 Verbindlichkeiten gegenüber Kreditinstituten mit einer Laufzeit von mindestens vier Jahren
42 Sonstige Verbindlichkeiten mit einer Laufzeit von mindestens vier Jahren
43 Verbindlichkeiten aus Lieferungen und Leistungen
44 Schuldwechsel
45 Verbindlichkeiten gegenüber Kreditinstituten mit einer Laufzeit bis zu vier Jahren
46 Erhaltene Anzahlungen
47 Frei
 (bei Aktiengesellschaften: Verbindlichkeiten gegenüber verbundenen Unternehmen)
48 Sonstige Verbindlichkeiten
49 Passive Rechnungsabgrenzungsposten sowie Bilanzgewinn

## ERFOLGSKONTEN

### KLASSE 5

**Erträge**

50 Umsatzerlöse (und Erlösberichtigungen)
51 Erhöhung oder Verminderung des Bestands an fertigen und unfertigen Erzeugnissen
52 Andere aktivierte Eigenleistungen
53 Erträge aus Gewinngemeinschaften und aus Finanzanlagen
54 Sonstige Zinsen und ähnliche Erträge
55 Erträge aus dem Abgang von Gegenständen des Anlagevermögens und aus Zuschreibungen zu Gegenständen des Anlagevermögens
56 Erträge aus der Herabsetzung der Pauschalwertberichtigung zu Forderungen
57 Erträge aus der Auflösung von Rückstellungen
58 Erträge aus der Auflösung von Sonderposten mit Rücklageanteil
59 Sonstige Erträge sowie Erträge aus Verlustübernahme

### KLASSE 6

**Material- und Personalaufwendungen, Abschreibungen und Wertberichtigungen**

60 Aufwendungen für Roh-, Hilfs- und Betriebsstoffe sowie für Waren
61 Frei
62 Löhne und Gehälter
63 Soziale Abgaben (gesetzlich vorgeschriebene Sozialaufwendungen)
64 Aufwendungen für Altersversorgung und Unterstützung
65 Sonstige Personalaufwendungen
66 Abschreibungen und Zuführungen zu Wertberichtigungen auf Sachanlagen und immaterielle Anlagewerte
67 Abschreibungen und Zuführungen zu Wertberichtigungen auf Finanzanlagen (ohne Einstellung in die Pauschalwertberichtigung zu Forderungen)
68 Verluste aus Wertminderungen oder dem Abgang von Gegenständen des Umlaufvermögens außer Vorräten und Einstellung in die Pauschalwertberichtigung zu Forderungen
69 Verluste aus dem Abgang von Gegenständen des Anlagevermögens

### KLASSE 7

**Zinsen, Steuern und sonstige Aufwendungen**

70 Zinsen und ähnliche Aufwendungen
71 Steuern vom Einkommen, vom Ertrag und vom Vermögen
72 Sonstige Steuern und Lastenausgleichs-Vermögensabgabe
73 Aufwendungen aus Verlustübernahme
74 Einstellungen in Sonderposten mit Rücklageanteil
75—78 Sonstige Aufwendungen
79 Frei
(bei Aktiengesellschaften: Aufgrund einer Gewinngemeinschaft, eines Gewinnabführungs- und eines Teilgewinnabführungsvertrags abgeführte Gewinne)

## ERÖFFNUNG UND ABSCHLUSS

### KLASSE 8

**Eröffnung und Abschluß**

80 Eröffnungsbilanz
81—88 Abschluß der Gewinn- und Verlustrechnung
81 Jahresüberschuß/Jahresfehlbetrag
82 Gewinnvortrag/Verlustvortrag aus dem Vorjahr
83 Entnahmen aus der gesetzlichen Rücklage
84 Entnahmen aus freien Rücklagen
85 Einstellungen aus dem Jahresüberschuß in die gesetzliche Rücklage
86 Einstellungen aus dem Jahresüberschuß in freie Rücklagen
87 Bilanzgewinn/Bilanzverlust
88 Frei für Sonderlösungen
89 Schlußbilanz

## KOSTEN- UND LEISTUNGSRECHNUNG

### KLASSE 9

**Frei für Kosten- und Leistungsrechnung**

**Aktienrechtliches Bilanzschema**

**Aktiva**

I. Ausstehende Einlagen auf das Grundkapital;
davon eingefordert:

II. Anlagevermögen:
  A. Sachanlagen und immaterielle Anlagewerte:
    1. Grundstücke und grundstücksgleiche Rechte mit Geschäfts-, Fabrik- und anderen Bauten;
    2. Grundstücke und grundstücksgleiche Rechte mit Wohnbauten;
    3. Grundstücke und grundstücksgleiche Rechte ohne Bauten;
    4. Bauten auf fremden Grundstücken, die nicht zu Nummer 1 oder 2 gehören;
    5. Maschinen und maschinelle Anlagen;
    6. Betriebs- und Geschäftsausstattung;
    7. Anlagen im Bau und Anzahlungen auf Anlagen;
    8. Konzessionen, gewerbliche Schutzrechte und ähnliche Rechte sowie Lizenzen an solchen Rechten.
  B. Finanzanlagen:
    1. Beteiligungen;
    2. Wertpapiere des Anlagevermögens, die nicht zu Nummer 1 gehören;
    3. Ausleihungen mit einer Laufzeit von mindestens vier Jahren,
davon durch Grundpfandrechte gesichert:

III. Umlaufvermögen:
  A. Vorräte
    1. Roh-, Hilfs- und Betriebsstoffe;
    2. unfertige Erzeugnisse;
    3. fertige Erzeugnisse, Waren.
  B. Andere Gegenstände des Umlaufvermögens
    1. geleistete Anzahlungen, soweit sie nicht zu II A Nr. 7 gehören;
    2. Forderungen aus Lieferungen und Leistungen;
davon mit einer Restlaufzeit von mehr als einem Jahr:
    3. Wechsel;
davon bundesbankfähig:
    4. Schecks;
    5. Kassenbestand, Bundesbank- und Postscheckguthaben;
    6. Guthaben bei Kreditinstituten;
    7. Wertpapiere, die nicht zu Nummer 3, 4, 8 oder 9 oder zu II B gehören;
    8. eigene Aktien unter Angabe ihres Nennbetrags;
    9. Anteile an einer herrschenden oder an der Gesellschaft mit Mehrheit beteiligten Kapitalgesellschaft oder bergrechtlichen Gewerkschaft unter Angabe ihres Nennbetrags, bei Kuxen ihrer Zahl;
    10. Forderungen an verbundene Unternehmen;
    11. Forderungen aus Krediten, die
      a) unter § 89 (Kredite an Vorstandsmitglieder),
      b) unter § 115 (Kredite an Aufsichtsratsmitglieder)
      fallen;
    12. sonstige Vermögensgegenstände.

IV. Rechnungsabgrenzungsposten.

V. Bilanzverlust.

## nach § 151 AktG

Passiva

I. Grundkapital.
II. Offene Rücklagen:
   1. gesetzliche Rücklage;
   2. andere Rücklagen (freie Rücklagen).
III. Wertberichtigungen.
IV. Rückstellungen:
   1. Pensionsrückstellungen;
   2. andere Rückstellungen.
V. Verbindlichkeiten mit einer Laufzeit von mindestens vier Jahren:
   1. Anleihen;
      davon durch Grundpfandrechte gesichert:
   2. Verbindlichkeiten gegenüber Kreditinstituten;
      davon durch Grundpfandrechte gesichert:
   3. sonstige Verbindlichkeiten;
      davon durch Grundpfandrechte gesichert:
   Von Nummer 1 bis 3 sind vor Ablauf von vier Jahren fällig:
VI. Andere Verbindlichkeiten:
   1. Verbindlichkeiten aus Lieferungen und Leistungen;
   2. Verbindlichkeiten aus der Annahme gezogener Wechsel und der Ausstellung eigener Wechsel;
   3. Verbindlichkeiten gegenüber Kreditinstituten, soweit sie nicht zu V gehören;
   4. erhaltene Anzahlungen;
   5. Verbindlichkeiten gegenüber verbundenen Unternehmen;
   6. sonstige Verbindlichkeiten.
VII. Rechnungsabgrenzungsposten.
VIII. Bilanzgewinn.

## Aktienrechtliches Schema der Gewinn- und Verlustrechnung nach § 157 AktG

1. Umsatzerlöse
2. Erhöhung oder Verminderung des Bestands an fertigen und unfertigen Erzeugnissen
3. andere aktivierte Eigenleistungen
4. Gesamtleistung
5. Aufwendungen für Roh-, Hilfs- und Betriebsstoffe sowie für bezogene Waren
6. Rohertrag/Rohaufwand
7. Erträge aus Gewinngemeinschaften, Gewinnabführungs- und Teilgewinnabführungsverträgen
8. Erträge aus Beteiligungen
9. Erträge aus den anderen Finanzanlagen
10. sonstige Zinsen und ähnliche Erträge
11. Erträge aus dem Abgang von Gegenständen des Anlagevermögens und aus Zuschreibungen zu Gegenständen des Anlagevermögens
12. Erträge aus der Herabsetzung der Pauschalwertberichtigung zu Forderungen
13. Erträge aus der Auflösung von Rückstellungen
14. sonstige Erträge
    davon außerordentliche
15. Erträge aus Verlustübernahme

16. Löhne und Gehälter
17. soziale Abgaben
18. Aufwendungen für Altersversorgung und Unterstützung
19. Abschreibungen und Wertberichtigungen auf Sachanlagen und immaterielle Anlagewerte

20. Abschreibungen und Wertberichtigungen auf Finanzanlagen mit Ausnahme des Betrags, der in die Pauschalwertberichtigung zu Forderungen eingestellt ist

21. Verluste aus Wertminderungen oder dem Abgang von Gegenständen des Umlaufvermögens außer Vorräten (§ 151 Abs. 1 Aktivseite III B) und Einstellung in die Pauschalwertberichtigung zu Forderungen

22. Verluste aus dem Abgang von Gegenständen des Anlagevermögens

23. Zinsen und ähnliche Aufwendungen

24. Steuern
    a) vom Einkommen, vom Ertrag und vom Vermögen
    b) sonstige

25. Aufwendungen aus Verlustübernahme

26. sonstige Aufwendungen

27. auf Grund einer Gewinngemeinschaft, eines Gewinnabführungs- und eines Teilgewinnabführungsvertrags abgeführte Gewinne

28. Jahresüberschuß/Jahresfehlbetrag

29. Gewinnvortrag/Verlustvortrag aus dem Vorjahr

30. Entnahmen aus offenen Rücklagen
    a) aus der gesetzlichen Rücklage
    b) aus freien Rücklagen

31. Einstellungen aus dem Jahresüberschuß in offene Rücklagen
    a) in die gesetzliche Rücklage
    b) in freie Rücklagen

32. Bilanzgewinn/Bilanzverlust

# Praktische Anleitungen zur Analyse und Kritik veröffentlichter Jahresabschlüsse

112 Seiten – ISBN 3 409 96001 5

Das Buch zeigt, wie man Aktienbilanzen und Gewinn- und Verlustrechnungen analysiert und kritisiert. Die Kenntnis des formalen Aufbaus von Jahresabschlüssen bei Aktiengesellschaften sowie der einzelnen Bilanzposten, wird vorausgesetzt.
Es werden die Abschlüsse von ausgewählten Handels- und Industrieunternehmen systematisch durchleuchtet. Die geeigneten Methoden und die zu erwartenden Ergebnisse werden anhand konkreter Zahlen vorgestellt.